소중한

에게

화려한 스펙보다 일로써 실력을 키우고 더 성장하기
나를 단단하게 해주는 아빠의 일 멘토링

화려한 스펙보다 일로써 실력을 키우고 더 성장하기
나를 단단하게 해주는 아빠의 일 멘토링

초판 1쇄 발행일 2025년 12월 30일

지은이 정현천
펴낸이 박희연
대표 박창흠

펴낸곳 트로이목마
출판신고 2015년 6월 29일 제315-2015-000044호
주소 서울시 강서구 화곡로 68길 82, 강서 IT 밸리 1106-2호
전화번호 070-8724-0701
팩스번호 02-6005-9488
이메일 trojanhorsebook@gmail.com
페이스북 https://www.facebook.com/trojanhorsebook
네이버블로그 https://blog.naver.com/trojanhorsebook
인스타그램 https://www.instagram.com/trojanhorse_book/
인쇄 · 제작 펌피앤피

© 정현천, 저자와 맺은 특약에 따라 검인을 생략합니다.

ISBN 979-11-92959-67-2 (13190)

화려한 스펙보다 일로써 실력을 키우고 더 성장하기

나를 단단하게 해주는
아빠의 일 멘토링

정현천 지음

트로이목마

앞으로의 내용은 룰라와 박진영이 데뷔하던 해에 태어나 직장생활을 시작한 지 얼마 지나지 않은 딸(이하 'J')과의 대화에서 시작되었다.

J는 대학원을 마치고 어렵게 들어간 첫 직장에서 2년간 일한 후 이직을 앞두고 있었다. 첫 직장에서는 그저 열심히 일했지만 마냥 쉽지만은 않았고, 이직 후에는 정말 일을 잘하고 싶다고 했다. 사실 일 자체의 어려움이 문제는 아니었다. 명확하게 지시가 내려진 일은 큰 차질 없이 수행해낼 수 있었고, 입사한 지 반년만에 한 직급 승진도 했다. 그런데 직급에 걸맞게 알아서 할 일을 찾고, 상사와 제때 적절히 소통하고, 가끔씩 후배들을 이끄는 역할도 해야 하는데, 그냥 자기 일

을 해내는 것만큼 쉽지 않았다고 했다.

정해진 일이 직장생활의 전부가 아니라는 것을 우리는 대부분 알고 있다. 지시받은 일 외에 다른 일을 더 찾아서 해야 할지 눈치를 살피고, 잡담을 나누는 동료들 틈에 적당히 섞이기도 하고, 고객을 만날 때는 갑을 관계를 의식하며 예의를 갖추고, 직장에서의 회식은 학창 시절 선후배, 친구들과 가지던 술자리와는 다르다는 것을 느낀다. 때로는 상사의 의도를 잘못 짚거나 의욕이 앞서 일이 어긋나는 경우도 있다. 역량이 부족할 때는 네트워크를 통해 문제를 해결하기도 하고, 미리 정해져 있는 고객의 문제 해결 방향이 최선이 아니라고 판단되어도 그대로 따르기도 한다.

J는 그럴 때마다 상사나 선배들의 가이드를 받고 싶었지만, 제때 제대로 받기 어려워서 혼자 알아서 판단한 경우가 많았다고 했다. 그러던 중에 알고 지내던 헤드헌터의 제안을 받았다. 새로운 마음으로 다시 시작하기 위해 이직을 결심하고 잠깐의 휴식을 갖기로 했다. 그 휴식 기간에 나눈 얘기를 정리한 것이 이 책의 내용이다.

젊은 신입사원이 힘들게 들어간 직장을 금방 그만 둔다는 얘기를 자주 듣는다. 대학생활 내내 학점과 스펙 쌓기에 시달리고 그것으로 모자라 아르바이트와 인턴을 전전하거나 부모의 뒷바라지를 몇 년씩 더 받다가 운이 좋아야 겨우 합격할 수 있는 그런 직장을 그만 두는 것이다. 내 신입사원 시절을 생각하면 이해하기 어려워서 J에게 물었다. J가 바로 그들과 같은 또래다. J는 컨설턴트로 프로젝트를 진행하면서 여러 고객회사에서 목격한 일 잘하는 사원들의 특성을 이렇게 정리했다.

첫째, 상사의 리더십에 대해 명확한 인과관계가 뒷받침된 논리를 중요하게 여기고 통찰력이나 카리스마에 대해서는 오히려 문제시한다. 과감한 개척자형이나 결단력 있는 의사결정자보다 일의 프로세스를 잘 관리하는 관리자형을 더 좋게 생각한다. 포용력 있고 두루 아우르려는 리더의 노력을 오히려 원칙이 없다고 폄하한다.

둘째, 워라밸(Work-Life Balance)을 중요하게 생각하는데, 일을 싫어해서가 아니라 집약적이고 합리적으로 일을 하고 자기계발을 위한 시간과 공간을 원하기 때문이다. 성장 발전을 위한 강한 욕구 때문에 자기중심적으로 보일 수 있다. 그리고 그 욕구는 꼭 직장 내의 성공을 위한 것만은 아니다.

셋째, 커뮤니케이션에 있어서 순응적인 소통으로 관계를 원활하게 유지하는 데에는 관심이 없다. 명확한 소통을 원하고, 자신의 의사를 직설적으로 전달하며, 격려나 우회적 동기부여보다 분명한 피드백을 선호한다. 성과와 보상의 인과관계가 명확하고 투명하기를 원하기 때문에 정량적 산식이 아닌 비정량적 근거를 대체로 불신한다.

넷째, 발전 욕구가 강하지만 조직을 통한 성장에는 그다지 관심이 없기 때문에 고성과자들의 이직이 오히려 잦다. 한 조직에서 오래 머무는 것을 한심하게 보기도 한다.

다섯째, 상사에 대한 뒷담화를 하는 것은 또래와 동료들 사이에 친밀감(라포, Rapport)을 형성하고 반면교사로 자기 개선점을 찾기 위한 수단이다.

그 얘기를 들으니 그들이 더 잘 이해되는 것 같기도 했다. 그러나 한편으로 가슴 가득 걱정이 밀려 왔다. 전형적인 기성세대의 반응일 것이다. 나는 형편없는 학점을 받고도 졸업 전에 이미 몇 군데의 대기업 입사 문턱을 통과했다. 그중 골라서 들어간 직장에서 신입사원과 중간간부 시절을 거쳐 임원이 되었다. 회사를 옮긴다는 것은 반쯤 실패하는 것이었다. 부사장 직위로 현업에서 은퇴한 뒤 전문교수라는 직함으로 후배들을 지도하고 육성하는 일을 했다.

그런 내가 그들의 마음을 다 이해한다고 하면 거짓말일 것이다. 오히려 미안한 마음만 한가득이다. 어떤 세대보다 성장의 혜택을 많이 받은 우리 세대가 다음 세대에게 물려주는 것이 역사상 처음으로 부모들보다 힘들고 못사는 환경이라면 우리는 자랑스러운 세대가 아니라 죄 많은 세대다. 내 직장생활은 자랑할 만한 일이 아니라 책임을 져야 할 일이다.

책임을 다하려면 다음 세대에 뭔가 나눠주고 알려주어야 하지 않을까? 우리 세대의 누군가가 어떤 성취를 이뤘다면, 그것은 각자도생의 경쟁력보다는 함께 성장해 온 길에서 크게 벗어나지 않았기 때문이다. 그것이 비결이라면 비결이다. 그걸 얘기하고 싶은데, 아무래도 꼰대의 잔소리로 들릴 것 같다.

직장이란 무엇인가? 직장생활은 인생에서 무엇이며 성공적인 직장생활은 어떤 것인가? 직장에서 계속 성장하고 발전하려면 어떻게 해야 하나? 일은 무엇인가? 일은 왜 하는 것이며, 어떻게 하면 일을 잘할 수 있나?

이런 질문을 하면 어떤 이들은 신입사원들을 떠올릴 것이다. 제시간에 출근하기 위해 아침 일찍 일어나고, 사무실에서 자료를 찾고, 회의에 참석하고, 문서와 도표를 만들고, 또 밖에 나가 고객을 만나고, 아쉬운 부탁을 하고, 때때로 저녁에 동료들과 술잔을 기울이며 회사생활의 고충을 나누고, 가기 싫은 회식에 억지로 참석하기도 하는 젊은이들 말이다.

또 어떤 이들은 중간간부들이나 임원들을 떠올릴 것이다. 그들도 일과 직장에 대해 여전히 고군분투하는 사람들이다. 직위가 올라가고 조금 더 중요한 일을 할 수도 있고, 경험과 요령이 쌓여 조직생활에 대한 내공이 조금 더 생겼을 수 있지만, 소싯적에 가졌던 맹목적이고 순수한 마음이 오히려 그리울지도 모른다. 그들도 직장생활에 대한 생각을 뚜렷이 갖고, 일을 더 잘하고, 더 발전하고, 더 오래 일하고 싶을 것이다. 나이나 직위를 떠나 직장에서 일을 통해 성취감을 느끼고 더 발전하려는 사람들은 가슴속에 그런 질문들을 가지고 산다.

코로나19 팬데믹 이후 사무실의 모습이 많이 달라졌다. 온라인 회의는 말할 것도 없고, 재택근무가 일상화되었으며, 개인들이 상사의 시선에서 멀어져 자유롭게 일할 자리를 선택하는 자유좌석제도 늘었다. 이런 변화는 일과 조직생활의 노하우를 암묵적으로 전수하던 과거의 방식들이 작동하기 어렵게 만든다.

또 조직에서 당연하다고 생각되는 것들은 성문화되지 않고, 말로 설명하기 어려우며, 직접 보여주어야 하는 경우가 많다. 그래서 당연하던 것들이 점점 더 당연하게 받아들여지지 않는다. 조직문화와 가치관도 바뀐 환경에 맞춰 달라져야 하겠지만, 개인들은 어쨌든 이중으로 힘들다. 과거의 당연한 것들을 어느 정도 익혀야 하는데 제대로 가르쳐주는 사람이 없고, 새로운 변화에도 적응해야 하기 때문이다.

J에게 직장생활의 비결을 알려준다는 구실로 앞의 질문들에 대한 내 나름의 답을 정리해보고 싶었다.

어떤 사람들은 재미만을 위해 하는 행동은 일이 아

니라고 생각한다. 그 관점에서는 일과 행복을 연결하기 어렵고, '일할 권리'와 함께 '일하지 않을 권리'를 인정하고 존중하기도 어렵다. 인류사회의 발전에는 일다운(?) 일이 아니라 '몽상'이나 '딴짓'에 생애를 소비한 많은 예술가, 과학자, 사상가들이 기여한 바가 적지 않다. 더구나 기계화, 자동화, AI 등에 의해 생산성이 늘고 일자리가 줄어드는 현실에서 더 많이 일해야 한다고 사람들을 억지로 떠미는 것은, '일하지 않고 과실을 따먹으려는' 소수의 위선일지도 모른다는 의심마저 품게 한다.

일은 '세상을 움직이는 것'이고, 그 일을 하는 이유는 무언가 목적을 이루려는 동기에서 비롯될 수도 있지만, 그냥 재미있어서 하는 것일 수도 있다. 의류기업 파타고니아(Patagonia)의 창업자 이본 쉬나드(Yvon Chouinard)는 원래 암벽등반가였고, 회사를 경영하는 내내 그 정체성을 잃지 않았다. 그에게 돈을 버는 것은 자연을 사랑하고 지구환경을 보호하기 위한 중요한 수단이었다. 재미로 시작해서 의미를 수확해낸 그와 같은 사람은 정말 행복할 것 같다.

황보름의 소설 《어서 오세요, 휴남동 서점입니다》

에는 "일을 계단 같은 것으로 생각했는데 일은 매일 먹는 밥 같은 것이었다."라는 문장이 나온다. 휴남동 서점 주인의 말처럼 "행복하기 위해서는 선선하게 불어오는 바람이 필요"하다. 움직이기 위해서는 여유와 공간이 필요하고, 꽉 막혀 정체된 상태에서는 일을 할 수도, 행복을 느낄 수도 없다.

직장에서 일을 하는 것도 끝없이 계단을 오르거나 억지로 힘을 쓰는 것이 아니라 숨을 쉬고 밥을 먹고 춤을 추는 것과 같다면, 우리는 그 일을 통해 행복해질 수 있을 것이다. 선선한 바람 속에서 더 성장하고 발전할 수 있을 것이다. 나는 후배 세대들의 직장생활이 그러하기를 바란다. 재미를 느끼면서 의미를 함께 일구어내기를 바란다. 재미도 의미도 찾지 못하는데 그저 생존을 위해 일을 더 오래 더 잘하라고 다그치는 것은 노예제도가 필요하다는 주장처럼 잔인하다.

건물이 기우는 것은 벽 마감이나 창틀 모양이 아니라 기초가 잘못되었기 때문일 가능성이 크다. 일도 마찬가지다. 지식이나 기법, 기술 외에 기초에 해당하는 것이 있다. 그 기초가 없으면 재미와 의미를 찾기 어렵다. 회사의 일, 조직생활에서 쉽게 변하지 않을 그 기초에 해당하는 것을 나는 '사랑'이라고 생각한다. 나눠서 얘기하자면, 자기 자신에 대한 사랑, 이웃에 대한 사랑, 그리고 세상에 대한 사랑이다.

'자기 자신에 대한 사랑'은 자신을 괴롭히지 않고, 업신여기지 않으며, 진정한 자부심을 갖는 것이다. 이웃을 사랑하고 세상을 바꿔도 내가 없으면 아무것도 아니며, 모든 것은 다 내가 알고, 느끼고, 하는 일이다. 부처가 부르짖은 '천상천하 유아독존(天上天下唯我獨尊)'의 자세다. 지나치지 않고 모자람이 없는 균형은 내가 나를 사랑할 때 가능하다.

'이웃에 대한 사랑'은 우리 안에 존재하는 다양한 차이를 받아들이고 포용할 수 있게 한다. 그 차이들이 함께 힘을 모으면 그것이 바로 연대이다. 사람들이 연대하면 세상이 더 좋은 방향으로 바뀔 수 있다. 차이를 있는 그대로 두고 힘을 합치려면 각자가 타인의 입장이 되어 보아야 한다. 한마디로 '역지사지(易地思之)'다.

'세상에 대한 사랑'은 두려움 없이 도전할 수 있게 하고, 그 결과를 후회 없이 받아들이게 한다. 그것들이 쌓여 각자는 자기 자신을 넘어서고 세상을 더 나아지게 만든다. 그것이 바로 일이며, '진인사대천명(盡人事待天命)'의 자세다. 종교에 따라서 그것은 신에 대한 사랑을 드러내는 길이다.

앞으로 일, 직장과 관련된 이 세 가지 사랑에 대한 얘기를 차근차근 풀어가려고 한다. 사랑하는 딸과 나눈 대화의 내용을 굳이 책으로 정리한 이유는 직장생활을 하는 모든 사람들이 세 가지 사랑을 통해 일 속에서 더 큰 행복을 찾을 수 있으리라 믿기 때문이다. 또 성장과 발전을 이뤄낼 수 있다고 믿기 때문이다.

J를 포함한 모든 직장인들을 응원한다. 파이팅!

2025. 11.
예전에 직장인이었고,
지금은 모든 직장인들을 응원하는 아빠가

차례

프롤로그... 7

1. 일과 직장

❖ 일 잘하는 사람? 일 못하는 사람? 23
❖ 직장에서 살아남고 발전하기 위한 3가지 축....................28
❖ 일에서 의미를 찾고 기쁨을 느끼고 행복하다는 것............34
❖ 일의 의미, 일과 기능 38
❖ 일하는 모습과 도구는 바뀔지라도 일의 본질은 그대로......42
❖ 리더에게도, 신입사원에게도 일의 본질은 같다 44
❖ 선택을 했다면 일단 최선을 다해보자 49

2. 나를 중심으로 _ 천상천하 유아독존

가. '나'와의 관계 맺음 53
❖ 천상천하 유아독존의 진짜 의미 54
❖ '나'는 경기장 안에 있는 사람이다 57

나. 스스로 짊어지는 마음, 자부심 60
❖ 진정한 자부심과 휴브리스적 자부심 60
❖ 과거 성공에 기반한 부질없는 오만, 휴브리스 65
❖ 의미 있는 일을 하고 거기서 자부심을 느껴야 70

다. 진정한 자부심, 자기 자신을 사랑하기 73
❖ 자신을 너무 괴롭히지 않기 1 - 일중독, 번아웃 73
❖ 자신을 너무 괴롭히지 않기 2 - 남과의 비교, 자책 78
❖ 자신을 업신여기지 않기 1 - 심리적 트라우마로 포기 금지 82
❖ 자신을 업신여기지 않기 2 - 시작한 일 쉽게 포기 금지 87
❖ 자신을 업신여기지 않기 3 - 시도하지 않아 후회하기 금지 91
❖ 자신을 꾸준히 돕기 1 - 좋은 습관 들이기 96
❖ 자신을 꾸준히 돕기 2 - 통제감을 잃지 않기 100
❖ 자신을 꾸준히 돕기 3 - 변명하지 않기 102

3. 남과 함께 _ 역지사지

❖ 겸손하다는 것 108
❖ 얀테의 법칙 - 당신은 특별하지 않다 113
❖ 탐색과 활용 120
❖ 자기가 하기 싫은 일을 남에게도 행하지 마라.................122
❖ 크로노 - 신클래스틱 인펀디뷸럼과 화쟁 127
❖ 갑일 때 거만하지 말고, 을일 때 비굴해지지 마라..............134
❖ 상대방의 의도를 넘겨짚지 마라...............................138
❖ 긍휼의 마음 142
❖ 공감력 147
❖ 상대방이 진정 원하는 것을 파악하기 153
❖ 상대방의 고통에 공감하기 160
❖ 진심을 다해 질문하기...164

4. 행복하게 일하기 _ 진인사대천명

가. 일을 잘한다는 것..173
❖ 손자병법의 '도천지장법' 174

나. 일의 도(道) 179
❖ 일의 주인이 될 것인가, 노예가 될 것인가.........................179
❖ 일의 대가보다 본질에 들어가서 최선을 다하는 것 186
❖ 일을 사랑하고 일에 생명을 불어넣는 것 192

다. 일의 천(天)과 지(地) 197

❖ 일을 잘 따져서 하기 - 왜요? 지금요? 제가요? 197
❖ 일을 잘 따져서 하기 1 - '3요?' 중 왜요?(리즈닝) 200
❖ 일을 잘 따져서 하기 2 - '3요?' 중 지금요?(타이밍) 202
❖ 일을 잘 따져서 하기 3 - '3요?' 중 제가요?(포지셔닝) 208

라. 일의 장(將)과 법(法) 215

❖ 일을 짜임새 있게 하기 1 - MECE 215
❖ 일을 짜임새 있게 하기 2 - 딜레마 상황 대처하기 221
❖ 일을 짜임새 있게 하기 3 - 중요한 부분에 집중하기 225
❖ 일이 행복의 걸림돌이 아니라 디딤돌이 되도록 230

5. 더 성장하고 발전하기

❖ 목표를 높게 잡자 236
❖ 실패를 대하는 마음가짐 244
❖ 이직할 때 생각해야 할 것들 249

1. 일과 직장

"나는 더욱 높이, 더욱 멀리 나아가고 싶다."

_ 조너선 스위프트, 《걸리버 여행기》 중에서

일 잘하는 사람? 일 못하는 사람?

'일'이란 무엇일까? 일을 왜 할까? 사람들은 대부분 이런 질문을 하기보다는 그저 일을 잘하고 싶다는 생각을 먼저 한다. 그리고 자기가 일을 잘하는지 못하는지 가늠이 안 돼서 고민한다. "일을 잘하려면 매번 하는 일에 집중해서 좀 더 잘하려고 노력해야 되지 않을까?" 싱거운 내 말에 J는 이렇게 얘기했다. "학교 다닐 때 시험 문제를 하나씩 잘 푸는 것도 중요하지만, 그보다 먼저 성적을 올리기 위해 공부 계획을 세우고 좋은 책과 강의를 찾고 친구들과 정보를 나누는 노력을 하잖아요? 직장에서도 주어진 일을 하나씩 잘해내는 것 이상으로 뭔가 그런 노력이 필요할 것 같아요."

모든 일을 다 잘할 수는 없고, 모르는 일은 차근차근 배우면 된다는 생각도 들지만 어쨌든 불안하다는 것이다. 지금 이 정도로 괜찮은지, 상사에게 어떻게 평가받을지, 상사의 지시에 바로 답을 못하거나 혼자서 해결하지 못하는 일들도 있는데 어느 정도까지 용인될지 등, 하나하나 개별적인 일을 의미하는 것이 아니라 전체적으로 일을 하는 역량의 수준에 관한 얘기로 들렸다. 가늠할 수 있는 기준이 분명치 않으면 그런 불안함이 생긴다.

학창 시절부터 쉼 없이 상대평가를 받고, 그 평가가 인생의 중요한 고비에 큰 영향을 미치는 것을 경험한다. 자녀의 수학 문제를 대신 풀어줄 수는 없지만, 동기부여를 하고 공부와 대학 진학의 의미를 얘기해주는 등의 노력은 부모로서 당연히 해야 할 일이다.

만약 회계 업무를 잘하는 방법, 코딩을 잘하는 법, 또는 UFC 선수들처럼 그래플링 잘하는 방법 같은 것을 묻는다면 내가 할 수 있는 답이 없다. 학원을 다니거나 코칭을 받으라고 할 것이다. 그렇지만 일을 잘하는 것에 대해 그 수준을 어떻게 세우고 가늠해야 하는지 묻는다면, 더 공부하고 더 찾아서라도 부모로서, 선배로서 답을 해주어야 할 것 같다.

　상사의 입장에서 부하직원들을 볼 때 일을 잘하는 사람과 못하는 사람, 살아남고 발전할 사람과 그렇지 못할 사람이 한눈에 보이지는 않았다. 그럴 수 있었다면 대체로 편견과 선입견이 작동한 결과였을 것이다. 다만 "행복한 가정은 모두 고만고만하지만, 무릇 불행한 가정은 나름나름으로 불행하다."는 톨스토이(Lev Nikolayevich Tolstoy)의 소설 《안나 카레니나(Anna Karenina)》의 첫 문장이 비슷하게 적용될 수 있겠다. 즉, 일을 잘하는 사람은 다 비슷하게 보이는데, 일을 못하는 사람은 저마다의 이유와 모습들로 눈에 띄었다. 일을 잘하기 위해서 갖춰야 할 기본들이 있는데, 그것들을 갖추고 있으면 얼핏 비슷하게 보이고, 그 중 갖추지 못한 것이 있으면 그 못 갖춘 부분이 두드러져서 저마다 달라 보였을 것이다.

　필요한 여러 요소들 중 하나만 부족해도 일을 못하는 사람이고, 두루 다 갖추어야 일을 잘하는 사람이라는 얘기처럼 들리겠지만, 사실 그렇지는 않다. 회사마다, 조직마다 일을 잘하는 사람으로 인정받는 요소가 조금씩 다르다. 업무 분야에 대해 정확하게 많이 아는 것은 항상 중요하지만, 어떤 회사는 문서를 잘 만들어야 인정을 받고, 다른 회사는 아무리 문서를 깔끔하게 만들어도 잘 소통하지 않으면 인정받지 못한다. 거기에 맞춰 적응을 잘하는 사람이 일을 잘하는 것처럼 보이고 그러지 못하면 일을 못하는 것처럼 보일 뿐이다. 두루 다 잘하면 좋겠지만, 쉬운 일이 아니다.

훌륭한 회사나 조직은 저마다의 강점을 키우고 살려서 그것들이 어우러지게 함으로써 전체의 역량을 키울 것이다. 그렇지 못한 회사나 조직은 편향된 기준을 가지고 있고, 특히 일을 잘한다고 인정받는 사람들을 비슷하게 만든다. 젊은 사원들의 이직이 거기에 끼지 못해서인지, 아니면 그렇게 인정받은 후 과도한 자신감을 가져서인지 나는 알지 못한다. 다만 사원들을 보는 기준이 변화하는 환경과 어울리지 않게 되면, 그 회사나 조직이 위험에 처하리라는 것은 짐작할 수 있다.

나도 부하직원들이 잘하는 일을 먼저 알아보고 칭찬하고 격려하고 더 잘할 수 있게 도왔어야 했는데, 그것이 쉽지 않았다. 잘못한다고 생각했던 부분을 붙잡고 어떻게든 고치고 바꿔보려는 고민과 노력을 훨씬 많이 했다. 틀에 맞춰 비슷하게 만들려고 했던 것이다.

돌이켜 보면 반성할 부분이다.

사람들 각자가 세상 모든 일을 다 알 수도, 모든 것을 다 잘할 수도 없다는 것은 분명하다. 각자 나름대로 잘할 수 있는 것을 찾아 열심히 하면 세상만사가 다 잘 풀릴 것이라는 것이, 애덤 스미스(Adam Smith) 이래 상식처럼 되어 있다. 회사마다, 조직마다 발전해 온 경로가 다르고 문화가 달라서 사람을 평가하는 기준도 다르다. 우스갯소리로 밥 잘 먹는 사람이 일도 잘한다는 얘기를 하지만, 예전에 내가 모셨던 상사 한 분은 이 말에 정말로 진심이셨다. 어쩌면 이것이 맞다, 저것이 틀리다 하기 전에 찰스 다윈(Charles Darwin)의 말처럼 일단 적응을 잘해야 살아남을 수 있다. 일을 잘한다는 것에 대해 누구에게나 어느 회사, 어느 조직에서나 통용될 수 있는 정답은 없다는 얘기다.

그래서 지금부터 하는 얘기는 정답이라기보다 정답 이전에 기본적으로 갖춰야 할 자세나 태도에 관한 것이다. 저마다의 아름다움을 뽐내는 건물들을 세우기 위한 기술이나 공법은 달라도 그 전에 모두 제대로 된 기초공사를 거친 것처럼 말이다. 스스로 일을 못한다고 생각하는 사람들은 대개 지식이나 기술, 기능과 같은 것이 부족하다고 생각한다. 그런 부분을 메꾸기 위해 노력을 하다가 그래도 잘 안 되고 인정받지 못하면, 더 이상 개선 노력을 포기하고 회사 탓, 상사 탓을 한다.

한편 불만이 있어도 나름대로 얻는 것 때문에 쉽게 회사를 떠나지도 못한다. 결국 직장생활이 행복하지 않다. 건물이 비스듬히 기울면 벽 마감이나 창틀 모양을 바꿀 것이 아니라 기초를 보강해야 한다. 이처럼 지식이나 기법, 기술 이전에 먼저 튼튼하게 해야 할 것들이 회사의 일, 조직생활에도 몇 가지가 있다. 기초 또는 기본적인 자세나 태도라는 말에 조바심이 날 것이다. 당장 일을 잘하고 싶은데 자세나 태도라니! 쉽게 빨리 고치기 어려운 것들 아닌가! 맞다. 자세나 태도는 바꾸려는 의지조차 쉽게 생기지 않는다. 사람들이 '자기다움'과 연결해서 생각하기 때문이다.

직장에서 살아남고 발전하기 위한 3가지 축

"바꿀 수 없는 것을 평온하게 받아들이는 은혜와 바꿔야 할 것을 바꿀 수 있는 용기, 그리고 이 둘을 분별하는 지혜를 허락하소서."

《도덕적 인간과 비도덕적 사회(Moral Man and Immoral Society)》를 쓴 라인홀드 니부어(Reinhold Niebuhr)의 기도문이다. '자기다움(Selfness, Selfhood)'이란 무엇이고 용기 내어 바꿀 수 있는 것은 무엇일까? 그것은 오직 '나'다. 세상은 끊임없이 바뀌지만, 사람은 자신을 바꿈으로써 세상의 바뀜에 티끌만 한 기여를 할 뿐이다. 어떤 사람들은 바꿀 수 없는 것을 바꾸려고 하거나 바꿔지지 않는다고 불만을 갖는다. 조직에 속한 사람들은 말할 것도 없고 심지어 프리랜서들도 누군가와 협력하지 않고 완전히 혼자 만들어낼 수 있는 결과는 없다. 사람들은 함께 지내면서 협력해서 일하도록 되어 있다. 그런 호모 사피엔스의 한 개체로 태어났다는 사실은 바꿀 수 없다. 그런데도 다른 사람과 협력하지 않고 독단적으로 일을 진행하면서 쉽게 설득되지 않는 상대방과 함께 일해야 하는 상황을 불평한다.

자신의 말이 아무리 옳더라도 누군가는 다른 생각을 가질 수 있다. 그 사람을 설득할 수 있고 없고는 그다음 문제다. 그런데 누군가 다른 생각을 가졌다는 사실에 벌써 화를 내고 불만을 터뜨리는 것은 어리석은 일이다. 그렇게 해서 바꿀 수 있는 것은 아무것도 없다. 오히려 누군가 다른 생각을 가질 수 있다고 인정하면 그 다른 생각으로부터 배울 점을 찾을 수도 있고, 자기 생각을 강요하는 것이 아니라 둘의 생각을 합해 완전히 새로운 어떤 것을 찾아낼 수도 있다. 바꿀 수 없는 사실은, 우리가 함께 살아야 하고 협력해야 하며 사람들의 생각이 모두 같을 수 없다는 사실이다. 바꿀 수 있는 것은, 오로지 자기 자신이다. 거기서부터 모든 것이 시작된다. '자기다움'은 어떻게 바꾸느냐에 달려 있지, 바꾸지 않음으로써 지킬 수 있는 것이 아니다. 그렇기 때문에 중요하고 근본적인 것일수록 '나'로부터 시작해야 한다.

일을 못하는 사람은 대체로 다음의 세 가지 중 하나 이상의 경우에 해당한다. 첫째, 자기 자신을 쓸데없이 괴롭히거나 업신여긴다. 둘째, 다른 사람을 이해하거나 그 입장이 되어보려고 하지 않는다. 셋째, 엉뚱한 일을 엉뚱한 시간과 장소에서 엉뚱하게 하고서 자신은 최선을 다했다고 생각한다. 간단히 말하면 나와 남과 일 가운데 최소한 하나 이상을 잘못 다룬다. 세 가지를 다 잘못하면 그건 말할 필요도 없고, 셋 중 하나 또는 둘을 놓치면 아래 그림과 같은 마음 상태가 된다. 그 결과가 좋지 않으리라는 것은 쉽게 예상할 수 있다.

나와 남과 일, 이 세 가지가 직장에서 살아남고 발전하기 위한 모든 것이다.

'일'이란 무엇일까? 일을 하는 사람이 있고, 일을 하는 대상이 있고, 일을 하고 나면 하기 전과 다른 변화가 생긴다. 그런 의미에서 일은 세상을 움직이는 것이다. 세상을 움직인다고 하면 지구를 떠받치는 아틀라스의 이미지를 떠올리기 쉬운데, 티끌 하나를 움직여

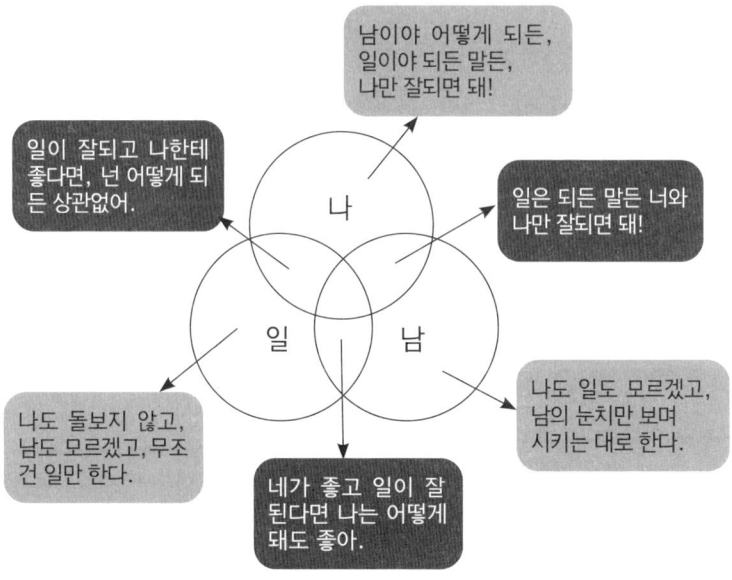

도 세상은 움직이는 것이다.

일은 왜 할까? 내가 남들과 함께 행복하기 위해서 하는 것이다. 많은 연구자들에 따르면, 행복하기 위해서는 재미와 의미가 둘 다 갖춰져야 된다고 한다. 의미는 목적에 부합하는지 여부의 장기적인 성격이고, 재미는 좀 더 찰나적인 쾌감을 주는 것이지만 그 재미가 없으면 오래 이어 가기 힘들다. 재미와 의미가 둘 다 있는 일을 통해서 우리는 행복해질 수 있다.

사람마다 행복에 대해 달리 얘기한다. 흔히 말하는 소확행(소소하지만 확실한 행복)을 추구하는 사람도 있고, 의미 있는 삶이 행복한 삶이라고 생각하는 사람도 있다. 그런데 일에서는 재미도 의미도 느끼지 못하면서 소소한 행복을 일 바깥에서 추구하는 사람이라면, 굳이 직장에서 여러 제약과 구속을 받아들이면서 살아갈 필요가 있을까 싶다. 모든 직장은 나름대로 목적을 내세우고 최대한의 효율을 추구한다. 그런 직장에서 제대로 된 역할을 하고 꾸준히 발전하기 어려울 것이다. 책임과 제약은 적고, 보상과 여유는 많은 회사가 꾸준한 혁신 없이 장기적으로 유지되기도 어렵다. 개인의 경쟁력도 문제가 된다. 세상에 기여하는 바가 없는 일이 오랫동안 받아들여지지 않을 것이다.

재미 속에서 의미를 찾아내거나 의미를 재미있게 받아들이거나 함으로써 우리가 하는 일과 행복을 더 잘 연결할 수 있다. 자기가 추구하는 가치와 삶의 의미에 맞는 직장과 일을 택하고, 동반자로 여기는 것이다. 그러면 주어진 역할을 더 잘 받아들이고, 계속 발전하려는 노력을 하고, 성장할 것이다. 일의 가치를 오직 대가로 받는 금전으로만 산정한다면, 행복은 소비를 통해 얻을 수밖에 없다. 일 자체에 의미와 가치가 있고, 일을 하는 과정이 행복에 기여하는 바가 있다면, 그보다 더 큰 행복을 얻을 것이다. 금전적인 보상이 오히려 부수적인 것으로 느껴진다면 이중의 보너스를 받는 셈이다.

치열한 취업시장에서 급여나 복리후생 조건에 먼저 눈을 돌리는 것을 비난하기는 어렵다. 일 자체의 의미를 찾으려는 노력이 지나치게 이상적이고 비현실적이라고 느껴질 수도 있다. 그렇지만 돈을 버는 수단으로만 생각하는 직장과 나를 실현하는 수단이자 내 삶의 동반자로 생각하는 직장이 행복에 미치는 영향은 상당히 다를 것이다.

일에서 의미를 찾고 기쁨을 느끼고 행복하다는 것

초등학교 동창 중에 비행기 승무원으로 39년을 일하면서 지구를 745바퀴 돌 수 있는 거리를 날아다닌 친구가 있다. 사무장으로 20년, 그 중에서도 14년은 수석사무장으로 일했으니까 우리나라 승무원의 최고봉으로 역사를 썼다고 보면 된다. 유튜브에 올라와 있는 그 친구의 마지막 비행 동영상은, 따르는 후배 승무원들이 자비로 티켓을 끊고 승객이 되어 찍은 것이라고한다. 당일 국내선 두 번째 비행을 마치고 승객들에게인사하는 장면인데, 마지막 비행임을 알리고 모든 승객들에게 인사를 드리는 모습이 넘치지 않게 절제하면서 부족하지 않게 감사의 마음을 표현하는 것이었다.

어떤 직업이나 그렇게 마무리할 수 있는 사람은 참행복하겠다는 생각이 들었다. 지금도 훌륭한 전문직업이지만, 그 당시에는 여성들의 사회 진출이 많지 않았고 해외여행도 어렵던 시절이라 비행기 승무원은 최고로 선망하는 직업이었다. 누구나 부러워하는 그 직장에 들어가서 하는 일이 너무나 좋고 놓기 싫어서, 많은 프로포즈가 있었지만 결혼할 생각도 들지 않았단다.

그 친구에게 일의 가치나 의미는 어떤 것이었을까? 많은 사람이 꿈꾸는 직업이고, 부러움을 많이 받는 직업이었으니까 당연히 자부심을 느끼고 열심히 했을 거라고 생각할 수 있다.

아마 처음 일을 시작할 때는 대체로 그럴 것이다. 비행기를 타본 사람은 알겠지만, 승무원의 일은 절대로 편하거나 쉬운 일이 아니다. 관련 지식과 체력, 임기응변이 모두 필요하다. 그 친구는 고과성적이 아주 높았는데도 사무장 승진 직전에 IMF 금융위기를 겪으면서 회사가 어려워지자 퇴사 압력을 심하게 받았고, 7년 동안 승진에서 누락되기도 했다. 그런데도 비행 자체가 너무 좋아서 도저히 포기할 수 없었다고 했다. 여행을 좋아해서, 국내외의 좋은 곳을 많이 여행할 수 있고 혜택도 많으니까 그것이 이유가 되었느냐고 내가 물었다. 그 친구의 답은 비행 사이의 체류 기간에 하는 여행도 아니고 승무원에게 보내는 선망의 눈길도 아니라, 객실 안에서 하는 일 자체가 너무 좋았다고 했다.

도대체 비행기 안에서 하는 어떤 일이 좋았냐고 물으니 순항을 할 때나 비상사태에서나 모든 승객들의 즐거움과 편안함이 내 어깨에 달려 있다고 생각할 때의 긴장감이 너무나 그립다고 했다. 그것이 자기가 하는 일의 의미이자 가치였다. 그리고 그 일을 더 잘하기 위해 공부하고, 준비하는 것이 평소의 생활이었다. 건강한 몸 상태를 유지하기 위해 현지 체류 때도 꼭 운동을 하고 충분한 휴식을 취하고 무리하지 않았다. 후배들도 부담 없이 편안하게 쉴 수 있도록 배려했다.

나는 그 얘기를 들으며 한 분야의 역사를 쓰려면 탁월한 생각이 뒷받침되어야 한다는 것을 확인했다. 군인이나 경찰, 소방관처럼 비상사태에 대한 대처가 매우 중요한 조직에서는 강한 위계질서가 나타난다. 하늘을 날아다니는 조종사와 승무원들도 마찬가지다. 그런데 일의 성격 때문에 생긴 위계질서가 일에만 영향을 미치는 것이 아니라, 일과 관계없이 조직 내 사람들의 관계에도 영향을 미친다. 그러다가 일의 본질에 부정적인 영향을 주기도 한다. 제한된 시간 안에 제한된 장소에서 승객들을 위한 서비스에 집중해야 하는데, 위계질서에 신경을 쓰다 보면 아무래도 집중도가 떨어질 수 있다. 그런데 그 친구는 모든 승객들의 즐거움과 편안함을 항상 최우선으로 생각하고 거기에만 온전히 집중했다.

물론 위계질서는 필요하다. 그러나 필요한 상황에서 필요한 만큼만 인정하고, 필요한 만큼만 허용해야 한다. 그 친구의 사무장 승진이 7년이나 늦어진 이유가 짐작되었다. 일에 온전히 집중하는 모습이 조직의 위계질서에 순응하지 않는 것처럼 오해받았을 것이다. 기내에서 휴식을 취하는 순서나 식사 준비, 체류 기간의 일상 등 여러 면에서 상사보다는 승객을 우선순위에 두고 일의 본질에 집중하다 보면, 기존 관행에 익숙한 시각으로는 눈치가 없거나, 싹싹하지 않거나, 튄다는 오해를 받을 수 있다. 여러 조직에서 부조리한 관행을 고쳐 나가려고 애쓰는 사람들이 많이 겪는 일이다. 그렇지만 그런 사람들이 조금 시간이 걸리더라도 올바른 길을 가고, 리더가 되었을 때 부하직원이나 후배들에게 잘못된 관행을 물려주지 않고, 결국에는 변화를 이끈다.

　그 친구는 정말 일에서 의미를 찾고 기쁨을 느끼면서 노력한 사람이다. 일의 본질을 잘 이해하고, 그것에 집중했으며, 리더가 되었을 때는 후배들 또한 그렇게 할 수 있도록 여건을 조성해주었다. 그랬기 때문에 여러 오해와 장애물에도 불구하고 성공적인 커리어를 쌓앉고, 후배들의 존경을 받게 되었다. 정신적으로나 신체적으로나 결코 쉬운 일이 아니었음에도 자기 일을 그토록 사랑할 수 있다는 것은 놀라운 일이다. 그 친구 얘기를 들으면서 '나는 내 일을 저 정도까지 사랑했었나?' 생각해보니 한참 못 미치는 것 같았다.

일의 의미, 일과 기능

내가 대학에 들어간 해는 '서울의 봄'에 해당하는 1980년이다. 휴교 기간이 길어 제대로 교실에 앉아본 기억이 거의 없다. 그런 와중에 경영학 수업에서 들은 내용 한두 가지가 아직도 기억에 남아 있다. 그 중 하나가 기업의 수익(收益, Revenue)은 기업이 외부로부터 받는 것(input)이 아니라 기업이 외부에 내어놓는 것(output)이라는 개념이다. 기업은 제품과 서비스를 외부에 내어놓는다. 기업의 자기 필요에 따른 것이 아니라 고객의 필요에 따라 문제를 해결하기 위한 것이다. 기업은 그 대가를 받아 비용을 충당하고, 일부는 주주들에게 돌려주고, 나머지로 성장해 가는 시스템이다.

사람 또한 하나의 시스템으로 생각해볼 수 있다. 사람은 그를 둘러싼 환경을 일방적으로 이용하고 착취하고 부리는 것이 아니라 환경 속에서 서로 주고받으며 존재하고 성장한다. 일이라는 것은 누군가의 문제를 해결하고 누군가를 만족시키기 위해 하는 것이다. 그 대가로 급여를 받기도 하고 자부심도 얻는다. 만약 자기 자신만을 만족시키기 위한 것이라면 일이 아니라 취미라고 해야 할 것이다. 일을 통해 만족시킬 대상을 전부 모으면 그것이 사회 또는 세상이라고 할 수 있다.

바바라 에런라이크(Barbara Ehrenreich)는 2001년 《노동의 배신(Nickel and Dimed)》이라는 책을 통해 최저임금에 대한 논의를 촉발시킨 미국의 저널리스트다. 그녀에 따르면, 사람들이 자신의 일에 깃들어 있기를 바라는 특성 중 하나는 지루함을 없애주는 자극이고, 다른 하나는 타인의 안녕에 대한 적극적인 공헌이라고 한다. 일의 의미는 사회와 세상에 미치는 효익으로 볼 수 있다. 그렇기 때문에 자기가 하는 일이 특정한 누군가는 만족시킬 수 있지만 사회 전체로는 해악을 끼치는 결과를 낳는다면, 일의 가치나 의미를 찾는 데 어려움을 겪는다. 극단적인 예로는 마약 판매 같은 범죄나 불법적인 고리사채업을 들 수 있다. 합법적인 일이라 해도 탐닉적이고 중독적인 기호품을 팔거나 비용이 덜 든다는 이유로 지구환경에 악영향을 미치는 생산공정을 계속 쓰는 경우에도 일의 의미를 찾기 어렵다.

의미라는 단어는 개념, 뜻이라는 말이 될 수도 있고, 가치, 목적이라는 말이 될 수도 있다. 한자로는 '뜻 의(意)'자와 '맛 미(味)'자가 합쳐져서 한 단어를 이룬다. 〈의미의 의미(The Meaning of "Meaning")〉(Hilary Putnam)라는 논문은, 의미가 인간의 마음 안에 있느냐, 밖에 객관적으로 존재하느냐를 다루는 내용이라고 한다. 서양에서도 비슷한 두 가지 뜻으로 쓰이고 그것 때문에 헷갈리는 것 같다. 어쨌든 지금까지는 주로 후자로 사용했다. 전자로 사용했을 때 일의 의미는 무엇일까? 일을 하는 것과 기능을 수행하는 것은 다른 것일까?

로욜라대학교(LUC, Loyola University Chicago) 철학교수 알 지니(Al Gini)가 쓴 《일이란 무엇인가(My Job, My Self)》에는 일의 어원에 대한 설명이 나온다. 프랑스어로 '일'은 'travail(트라바일)'인데 로마 군대의 고문기구인 'tripalium(트리팔리움)'에서 비롯되었다고 한다. '여행'을 뜻하는 'travel(트래블)'도 마찬가지다. 일이나 여행이나 고통스럽고 고생을 안겨주는 것이다. 그런데 여행길에서 온갖 고생 끝에 목적지에 다다르면, 가슴이 벅차고 새로운 차원에 들어선 듯한 환희의 감정을 느낀다.

마찬가지로 일도, 싫고 귀찮은 것을 억지로 하기도 하고 몸과 마음을 녹초로 만들기도 하지만, 그 결과로 행복을 얻기도 하고 '나'라는 인간이 누구인지를 정의하는 좌표가 되기도 한다. 알 지니는 "일을 하는 우리는 노동자인 동시에 세계시민이며, 세계의 창조자다."라고 했다.

이 설명에 의하면, 일과 기능은 확연히 다르다. 일은 궁극적으로 어떤 목적을 위해 수행하는 여러 가지를 모아서 하나의 단위로 성과를 판가름할 수 있는 것이다. 한편 기능은 일의 구성요소로서 개별적으로 성과를 평가할 수 없거나, 다른 것으로 대체 가능하거나, 서로 상쇄되거나, 보완될 수 있는 것이다. 예를 들어, 집을 짓는 것이 일이라면 집을 짓기 위해 벽돌을 쌓는 것은 기능이다. 벽돌을 쌓는 대신 철근을 넣고 콘크리트를 부을 수도 있고, 벽돌이 조금 울퉁불퉁하더라도 미장을 깔끔하게 해서 보완할 수도 있다. 그런데 똑같이 벽돌을 쌓는 행위지만 효율적으로 벽돌 쌓는 순서를 개발하기 위해 실험을 거듭한다면, 그것은 일이 될 수 있다. 이처럼 인간의 같은 행위라도 어떨 때는 일이 되기도 하고 어떨 때는 단지 기능에 불과할 수도 있다.

그리고 일을 잘한다는 것과 기능을 잘 수행한다는 것은 다른 것이다. 앞으로의 내용은 어떤 기능을 잘 수행하는 방법이 아니다. 일을 잘하려면 당연히 일의 구성요소로서 필요한 기능을 잘 수행해야 한다. 그런데 그것만이 아니다. 일을 잘하기 위한 기초 내지 근본을 잘 쌓아올려야 한다.

일하는 모습과 도구는 바뀔지라도 일의 본질은 그대로

내가 한창 일하던 시기에는 사무실에 조직 단위로 모여 근무하는 모습이 당연한 것이었다. 요즘은 온라인 회의나 재택근무가 늘어나고 일상화되고 있다. 사무실에 가더라도 자유좌석제로 팀별로 모여 일하지도 않고 회의가 있을 때만 얼굴을 보는 식이다.

또 모르는 것을 선배나 상사에게 묻지 않고 인터넷이나 ChatGPT 같은 AI를 활용한다. 내가 생각하는 일을 잘하는 방법이 코로나19 팬데믹 이후에 불어 닥친 새로운 변화의 시대에도 그대로 적용될 수 있을까? 당연히 그럴 수 없을 것이다. 특히 조직 안에서 사람 간의 관계, 특히 상사와 부하직원 사이의 역할 관계는 많이 달라졌다. 또 바퀴나 말처럼 기술과 도구를 누가 먼저 활용하느냐에 따라 역사의 흐름이 바뀐 예가 허다한데, AI와 같은 새로운 기술은 앞으로 개인이나 기업, 심지어 국가의 경쟁력을 좌우하게 될 것이다.

그런 것들은 새로운 세대의 몫이다. 그들이 오히려 기성세대를 가르쳐야 한다. 실제로 디지털 기술이 등장한 이후 많은 글로벌 기업에서 '리버스멘토링(Reverse Mentoring)'을 통해 효과를 거뒀다. 기성세대가 새로운 세대에게 모든 것을 가르쳐준다는 것은 가능하지도 않고, 그럴 필요도 없다. 그렇지만 우리 세대가 깊이 고민하고 어렵게 헤쳐 온 것들을 가감 없이 알려주는 것은 필요하지 않을까? 일과 직장이라는 것도 맨땅에서 갑자기 불쑥 솟아난 것이 아니니까. 비록 과거의 환경일지라도 일의 본질, 직장의 본질에 대한 경험과 교훈이 새로운 세대에게 손에 맞는 도구는 되지 못하더라도 사다리로 쓰일 수는 있을 것이다. 그 위에서 일을 하는 더 좋은 방법을 찾는 것은 새로운 세대들의 몫이다. 과거를 그대로 답습하는 것과 과거라는 단단한 기초 위에서 새로운 환경에 맞는 새로운 방법을 찾아가는 것은 다르다고 본다.

리더에게도, 신입사원에게도 일의 본질은 같다

요즘 직장에는 살아남는 것 외에 굳이 승진하거나 발전하는 것이 싫다는 사람들이 많다고 한다. 지금 그대로 충분히 좋아서 그럴 수도 있고 더 노력하는 것이 싫어서 그럴 수도 있겠지만, 주된 이유는 승진해봐야 월급은 쥐꼬리만큼 오르는데 부담과 스트레스만 늘어나기 때문이라고 한다.

내가 취직을 해서 첫 출근을 할 무렵 아버지께서 하신 얘기가 기억난다. 아버지도 평생 직장생활을 하신 분인데, "출근하면 월급 받는 만큼 열심히 일할 거냐?"고 물으셨다. "예. 그래야죠."라고 대답했더니 "그러면 평생 신입사원밖에 안 된다. 월급 값도 못하면 금방 쫓겨날 거고, 신입사원이 월급 받는 만큼 일하면 평생 신입사원이다. 그보다 훨씬 열심히 일해야 나중에 승진할 수 있다.”고 하셨다. 사실 ‘월급 받는 만큼’이라는 것도 복리후생, 사무공간, 스태프 조직에 들어가는 비용 등을 다 합치면, 자기가 실제로 받는 것보다 훨씬 많아질 것이다.

아버지께서 ‘열심히’라고 하신 것은, 단순히 더 많이 일하라는 것이 아니라 더 깊이 생각하고 더 높은 수준의 문제를 해결하라는 뜻이었을 것이다. 사원이라고 해서 그 위치와 입장에서만 일을 하면 안 된다. 일이 어느 정도 손에 익고 할 만해지면 새로운 일, 더 어려운 일에도 도전해야 한다. “그 일은 안 해봤는데요.”라는 말을 입에 달고 다니거나, 쉬운 일, 할 줄 아는 일만 하려는 사람은 더 이상 발전이 없다.

내 생각에 승진을 원하지 않는 사원들의 문제는 그들 개인의 잘못이 아니라 회사의 잘못이다. 회사가 더 성장하지 못하면 열심히 해도 그 안에서 개인이 성장할 기회를 찾기가 쉽지 않다. 성장하지 못할 것이 빤히 보이는 회사에서 가장 소중한 자원인 내 시간을 뺏기면서 책임만 키우는 것은 합리적인 선택이 아니라고 생각하는 것 같다.

그런데 생각해보자. 그런 회사에서 계속 받는 만큼만 일한다? 왜 그러고 있어야 할까? 회사가 그려 놓은 테두리 안에서 지금 받는 것이 일하는 만큼인지 아닌지 아웅다웅 따지다가 함께 망하는 길을 갈 것이 아니라 그 테두리를 넓혀야 한다. 도저히 그럴 수 없다고 판단되면 빨리 뛰쳐나와야 한다. 만약 지금보다 더 커지고 성장할 회사라면, 현재 쥐꼬리만큼이라도 나중에 눈덩이처럼 불어날 수 있다. 그 회사에서 나중에 내가 차지할 위치에 관심을 쏟고 조금이라도 더 인정받도록 노력하는 것이 현명하다. 그런 회사에서 미래에 받을 보상의 차이는 지금보다 훨씬 크다.

성장은 전적으로 회사나 리더들의 책임인가? 그렇지 않다. 회사 구성원 모두의 책임이다. 받는 만큼만 일하고 승진도 필요 없다는 사람은, 옆의 동료가 나중에 나보다 몇 단계 위의 상사가 되어 엄청난 보상을 받는 모습을 보고 후회하거나 배 아파하지 않아야 한다.

연봉 5000만 원을 받는 사람이 있다고 치자. 매년 연봉이 10퍼센트씩 인상된다면, 20년 후에는 얼마나 될까? 10년 후에는 1억 3000만 원이 되고, 20년 후에는 3억 4000만 원이 된다. 그럼 5000만 원에서 초과로 받는 돈 중, 절반은 쓰고 절반은 매년 5퍼센트의 수익률로 재투자를 한다면 20년 후에 얼마나 모을 수 있을까? 거의 20억 원에 가까운 돈을 모을 수 있다. 매년 5000만 원을 벌어서 그 돈을 다 쓰는 사람보다 더 많은 소비를 하면서도 말이다. 물론 세금 등의 복잡한 변수가 있고, 성장을 돈으로만 표현하기도 어렵다. 그렇지만 간단한 계산이 보여주는 것처럼, 그대로 머무르는 사람과 성장하는 사람의 차이는 어마어마하게 크다.

그러니 몇 단계 위 상사의 입장이 되어 보기도 하고, 고객의 입장이나 다른 조직의 입장에서도 일을 바라볼 줄 알아야 한다. 자기 입장을 벗어나서 조금 더 생각한다는 것이 겨우 상사에게 어떻게 보고해야 탈 없이 넘어갈까 하는 정도에 그친다면 곤란하다. 그런 사람은 내 아버지의 말씀대로 영원히 신입사원에 머무른다.

리더에게나 사원에게나 일의 본질은 차이가 없다. 근본을 염두에 두는 것은 지금의 일을 더 쉽게 더 잘할 수 있는 방법이 되기도 한다. 등산을 하는데 엇비슷한 갈림길이 계속 나온다고 생각해보자. 안내 표시가 없으면 길을 잃기 쉽다. 그럴 때는 당장 힘들더라도 능선으로 올라가야 한다. 능선에서는 위로나 아래로나 다 잘 보이니까 쉽게 제 길을 찾고 헤매지 않게 된다. 뭔가 답답하고 잘 풀리지 않을 때, 화가 나거나 의기소침해질 때도 마찬가지다.

현재 상황을 조감도처럼 펼쳐 놓고 위에서 바라보는 것이다. 공간적으로 위도 좋고, 조직에서의 상사 입장도 좋고, 신 또는 우주인이 되었다고 상상해보는 것도 좋다. 멀리 위에서 보면 샅샅이 다 잘 보이지는 않는다. 그렇지만 전체 상황의 구조가 떠오르고 여기에는 어떤 것이, 또 저기에는 다른 무엇인가 있겠구나 하는 느낌이 온다. 그 느낌이 새로운 깨달음과 해법을 가져다준다. 제일 좋은 것은 몇 단계 위의 리더의 마음으로 바라보는 것이다. 리더는 자신이 이끄는 조직과 구성원들을 그 바깥의 더 큰 시스템 속에서 잘 적응하고 발전할 수 있도록, 통합하고 정렬하고 권한을 배분하고 상호작용하게 해서 이끌어 가는 사람이다.

사실 우리 모두는 리더들이다. 한 사람 안에 여러 지식과 기억과 역량과 신체부위가 함께 들어 있고, 심지어는 서로 다른 감정을 동시에 느끼기도 한다. 문제 상황에서는 여러 대안을 동시에 떠올리면서 선택해야 한다. 한 사람 안의 여러 가지 서로 다른 것들을 통합하고 정렬하고 움직이고 조정해서 환경 속에서 살아남고 발전할 수 있게 하는 것은, 일반적인 리더들이 하는 일과 다르지 않다. 그것이 신입사원 때부터 해야 할 일이고, 리더의 위치에 이르는 길이면서, 또 리더가 되어서도 계속 해야 할 일이다. 물론 리더가 되면 이끄는 대상의 범위가 좀 더 넓어진다는 차이는 있지만, 좋은 신입사원이 되는 것과 좋은 리더가 되는 것의 본질은 똑같다고 보면 된다.

앞에서 얘기한 것처럼 나와 남과 일을 잘 다룰 줄 알면 된다. 여기서 다룬다는 것은 영어의 Manipulate처럼 억지로 조종하는 것이 아니라, 살피고 적응하고 관계를 쌓고 균형을 맞추고 가꿔 간다는 의미로, 영어로 Manage에 해당할 것이다.

선택을 했다면 일단 최선을 다해보자

기업이 조직된 것은 생산의 규모가 커지면서 생산을 위한 요소들도 여러 가지로 많이 필요하게 되었고, 그 탐색 비용과 거래 비용을 줄이기 위해 조직 내부

로 다 끌어들인 것이었다.('The Nature of the Firm', Ronald Coase)
그렇지 않으면 개인들이 생산 과정을 잘게 쪼개서 하
나씩 맡고 각자의 결과물들을 시장에서 거래하면 된
다. 디지털 시대를 맞아 정보가 쉽게 유통되고 그런
비용이 급격하게 줄어드니까 프리랜서나 긱워커(Geek
Worker), 크리에이터 등 기업 바깥에서 개인적으로 일하
는 사람들이 늘어나고 있는 것처럼 말이다. 여러 이름
으로 불리지만 그들은 모두 개인사업자들이다.

　기업에 속하거나 개인사업자로 일하거나 그것들은
결국 일을 조직하는 방법에 관한 문제이고, 일 자체,
일의 본질은 어느 쪽이나 별반 차이가 없다. 가치사슬
(Value Chain)에 따라 남들과 협력하면서 함께 일해야 하
는 것도 마찬가지이고, 그런 일을 하는 주체가 결국 자
기 자신이라는 것도 변하지 않는다. 자기 사업을 하거
나 개인으로서 예술을 추구하거나 직장에 다니거나 간
에, 어느 쪽이 더 좋다고 우열을 가릴 수 있는 일이 아
니다. 또 직장을 선택한 것이 의지를 가지고 계획한 것
이든, 우연에 의한 것이든, 어쩔 수 없이 다니게 된 것
이든, 그 자체를 좋고 나쁨으로 판별할 일도 아니다.
각각의 장단점이 있고, 사람에 따라 상황에 따라 달라

질 뿐이다.

현재의 직장을 다니게 된 것이 별생각 없이 이루어진 일이라고 해도, 누구든 선택을 해야 하는 그 시점, 그 상황에서는 암묵적이지만 치열한 고민이 있었을 것이다. 점수를 매기면서 의식적으로 따지지는 않았더라도 가슴을 누르는 어렴풋한 고민으로 밤을 뒤척였을 것이다. 그 결과 선택을 한 것이다.

선택을 했으면 그 선택에 최선을 다해야 한다. 언젠가 새로운 선택에 대한 고민을 또 할 수는 있겠지만. 그러나 새로운 선택을 고민하느라 이미 선택한 것에 최선을 다하지 않으면 어떻게 될까? 연어 무리로 가득한 강 가운데에서 한 마리도 잡지 못하는 곰을 떠올려 보자. 양손에 연어를 한 마리씩 건져 올려 놓고 어느 쪽이 더 큰지 번갈아 쳐다보느라 정신이 팔린 곰은 결국 두 마리를 다 놓치고 만다. 빨리 한 쪽을 선택해서 양손으로 움켜잡아야 한다. 이미 직장생활을 하는 사람에게 직장은 더 이상 선택의 대상이 아니라 최선을 다할 대상이다.

2. 나를 중심으로
_ 천상천하 유아독존

"나는 내가 누구인지, 무엇을 할 수 있는지
알기 때문에 포기하지 않는다."

_ 에밀 아자르 또는 로맹 가리, 《자기 앞의 생》 중에서

가. '나'와의 관계 맺음

먼저 '나'에 대한 얘기부터 시작해보자.

'나'부터 시작하는 이유는 가까운 것에서부터 차근차근 넓혀 가며 생각하는 것이 쉽고, 또 제일 중요하기 때문이다. 남이나 일은 바꿀 수도 있고, 정 어려우면 포기할 수도 있지만, 나는 그럴 수 없다. 내가 없으면 이 세상이 존재하지 않는 것과 같다. 내가 통제할수 있는 가장 가깝고 쉬운 것도 '나'이고, 내가 세상을바라볼 때 중심에 있게 되는 것도 '나'이다. '나'를 귀하고 중요하게 여긴다는 것은, 자율과 균형으로 연결된다. 남이 아닌 내가 결정하고, 지나치거나 부족하지 않은 지점에 나를 세우는 것이다.

천상천하 유아독존의 진짜 의미

'천상천하 유아독존(天上天下唯我獨尊)'은 석가모니께서 하신 말씀으로 잘 알려져 있다. 대체로 '이 세상에 내가 제일 중요하다. 나밖에 없다.'는 뜻으로 알고 있다. 어느 정도 맞지만, 자비로우신 부처님께서 하셨다는 말씀 치고 좀 이상하다. '왜 나만 중요해? 왜 나만 있어?'라는 의문이 든다. 심지어 요즘은 그 말을 아주 독선적인 사람을 가리킬 때도 쓴다. 불교 문외한들에게는 물론이고 심지어 명망 높은 스님이나 전문가들 사이에서도 해석이 분분한 것 같다.

석가모니께서 당시의 언어로 하신 말씀을 산스크리트어로 옮겨 적었고, 이를 다시 중국에서 한자로 옮겨 적은 것이니까 한반도에 들어오기 전에 벌써 몇 단계를 거친 것이다. '존'은 있을 존(存)이 아니라 높을 존(尊)이다. 문자대로 해석하면 "하늘 위에서나 하늘 아래에서나 오직 나 홀로 높고 존귀하다."는 뜻이다. 나를 뜻하는 '아(我)'에 대해서도 가장 먼저 깨달은 자로서 부처께서 스스로를 가리킨 것이라는 해석도 있고, 이 세상 모든 인간들의 가능성을 제3자로서의 '나'를 통해 애기하셨다는 해석도 있다. 심지어 세상 사람들이 모두 '나'밖에 없다는 식의 안하무인으로 살고 있는 모습을 보고 부처께서 개탄하신 것이라는 해석도 있다.

〈불교신문(2429호, 2008년 5월 28일자)〉에 실린 송강스님의 말씀에 의하면, "모든 인간에게 부처와 같이 가장 존귀한 존재가 될 수 있음을 드러내 보이는 인간의 가능성 선언"이라고 한다. 나는 이 해석이 가장 와닿는다. 이때의 '나'는 육체적, 감정적으로 제한된 한 개체만을 가리키는 것이 아니고, 석가모니 자신만을 가리킨 것도 아니며, 신분과 운명의 굴레를 벗어난 절대 자유의 '나', 모든 존재들 본체로서의 '나'를 가리킨다고 한다. 내 삶의 주체는 천상의 신(神)도 아니고 땅(天下)에서의 속박과 굴레도 아니며, 바로 나 자신이라는 것, 바로 그 사실을 먼저 깨달은 부처께서 모든 생명이 당신처럼 깨달음에 이르러 편안해지길 바라고, 그것을 위해 본인의 삶을 바치겠다고 한 선언이라는 것이다.

부처님을 믿건 믿지 않건, 모두가 스스로의 노력 여하에 따라 최고의 진리를 깨닫고 석가모니 부처님과 같은 존재가 될 수 있다는 말은, 인간의 존엄성에 관한 '일대 선언'이다. 내가 '나' 자신과 가질 수 있는 관계

맺음의 자세는 바로 이 '천상천하 유아독존'이 되어야 한다. 즉, 내가 가장 중요하고, 나의 가능성은 무한히 높고, 나의 노력으로 그 가능성을 모두 이룰 수 있다는 말이다. '천상천하 유아독존'은 나만 옳고 나만 맞다고 내세우는 것이 아니다. 세상만사는 누구의 탓을 할 게 아니라 바로 나로부터 비롯된다는 의미다. 스스로 '자(自)'에 말미암을 '유(由)'를 쓰는 '자유(自由)'도 같은 뜻으로 볼 수 있다. 우리 인생의 목표가 가장 자유로운 상태가 되는 것이라고 하면 대개 동의할 것이다. 그 자유에는 반드시 책임이 따른다. 유아독존에도 그런 이중적인 의미가 들어 있다.

세상을 바꾸는 가장 쉬운 방법이 나를 바꾸는 것이라는 말이 있다. 길가의 쓰레기 하나를 치우려 해도, 인류의 역사를 바꿀 혁명을 일으키려 해도 내 몸과 생각과 말을 통하지 않으면 안 된다. 이 말은 항상 "내 탓이오."라고 하면서 소극적, 수동적이 되라는 뜻이 아니다. 균형이나 중용이라는 지나치지도 부족하지도 않은 상태는 결국 나를 중심으로 판단할 수밖에 없다. 세상 속의 한 존재로서 내게 필요한, 그리고 세상을 움직일 모든 답은 바로 나에게 있고, 나 스스로 찾아야 한다는 것이 '천상천하 유아독존'의 진정한 뜻일 것이다. 그런 나를 내가 귀하게 여기고 소중하게 다루지 않으면 누가 나를 그렇게 대해주겠는가?

'나'는 경기장 안에 있는 사람이다

수치심과 취약성에 대한 TED 강연으로 유명한 브레네 브라운(Brene Brown)이 쓴 책 《(완벽을 강요하는 세상의 틀에) 대담하게 맞서기》의 서문을 보면, 미국 26대 대통령인 시어도어 루스벨트(Theodore Roosevelt. Jr.)의 유명한 연설이 나온다. 그 연설의 제목은 흔히 '경기장 안에 있는 사람'으로 알려져 있다.

"중요한 사람은 이익이 되는지 아닌지를 따지는 비평가가 아니다. 강한 사람이 어떻게 걸려 넘어지는지 또는 어떻게 하면 더 잘할 수 있었는지 지적하는 사람도 아니다. 실제로 경기장 안에서 싸우는 사람, 먼지와 땀, 그리고 피로 망가진 얼굴을 가진 바로 그 사람이 중요하다. 용맹하게 분투하는, 실수하고 몇 번이고 되풀이해서 곤경에 처하는 사람 말이다. 왜냐하면 실수와 단점이 없이는 어떤 노력도 없기 때문이다. 그러나 옳은 행위를 하기 위해 분투하며, 위대한 열정과 위대한 헌신의 가치를 알고 있는, 훌륭한 대의에 자신의 모든 에너지를 쏟아붓는 사람, 그는 최상으로 마침내 최고 성취의 환희를 알 것이다. 그리고 설령 실패하는 최악의 경우라도 최소한 과감히 도전하다 실패했으므로, 결코 승리도 패배도 모르는 냉소하고 소심한 영혼을 지닌 자들에 견줄 수 없을 것이다."

"내가 한다. 내가 주체이고, 주인공이다. 나는 구경꾼이나 방관자가 아니다. 나는 단지 영향을 받는 자가 아니라 영향을 끼치고 흔적을 남기는 사람이다."라는 자각을 말하는 이 연설의 주제가 바로 '천상천하 유아독존'이다. 우리 모두는 각자의 인생에서 주인공이다. 그래서 귀하고도 귀한 존재이다.

그렇게 귀한 나에게 내가 줄 수 있는 가장 좋은 선물이 무엇일까? 행복이 가장 먼저 떠오른다. 줄 수만 있다면 최고의 선물일 것이다. 사람마다 다른 여러 가지 행복관이 있다. 어떤 사람은 많은 것을 소유하고 큰 성취가 있어야 행복해진다고 생각하기도 하고, 또 어떤 사람은 몸과 마음과 영혼의 안락함을 얘기하기도 하고, 심지어는 친한 사람과 맛있는 음식을 함께 먹는 시간이 많을수록 행복한 것이라고 말하는 학자도 있다.

그런데 나는 어떤 행복이든지 자부심이 바탕에 깔려 있지 않으면 쉽게 무너질 수 있다고 생각한다. 행복을 포기하더라도 자부심을 얻고 싶은 생각마저 든다. 자부심을 한자로 쓰면 自負心이고, 이는 '스스로 짊어지는 마음'이라는 뜻이다.

나. 스스로 짊어지는 마음, 자부심

심리학자들에 의하면 인간의 감정은 크게 두 가지로 나눌 수 있다고 한다. 한 가지는 공포, 노여움, 기쁨이나 반가움 등, 대상에 의해 직접 유발되는 일차적 감정이고, 다른 한 가지는 앞의 것들과 달리 원래의 이유인 사건이나 대상으로 인해 자기 자신을 어떻게 느끼느냐, 즉 자의식과 관련된 감정이라고 한다. 후자에는 수치심이나 죄책감, 연대감 등이 속하는데, 대체로 쉽게 설명되지 않는 복잡한 감정들이다. 자부심(自負心, Pride)도 그들 중 하나이다.

진정한 자부심과 휴브리스적 자부심

자부심은 배후의 사건이나 대상에 따라 다양하게 분류될 수 있다. 순수하게 개인적으로 느끼는 자부심이 있는가 하면, 자기가 속한 조직이나 사회에 대한 자부심이 있으며, 노력과 성취에 대한 자부심이 있는가 하면 타고난 능력이나 지위에 대한 자부심도 있다. 이러한 구분은 어느 정도 겹치기도 하지만, 반드시 일치하거나 아주 높은 상관관계를 갖지는 않는다. 자부심은 대체로 좋은 것으로 생각되지만, 부정적으로 보는 사람들도 있다. 즉, 사람마다 문화권마다 자부심에 대한 평가가 상당히 다르다.

현대의 서양 사회에서는 자부심을 대체로 긍정적으로 본다. 자기 자신에게 좋은 감정을 갖는다는 것은 스스로에게 그리고 남들에게 좋은 사람이 되기 위한 출발점이 된다. 자부심이 높은 사람은 자기가 속한 조직과 사회에 대해 충성심이 강하고, 유익한 행동을 할 가능성이 높으며, 정신적으로 건강하고 더 행복한 생활을 할 수 있다고 보는 것이다. 그래서 부모들은 아이들에게 자주 "난 네가 자랑스러워.(I'm proud of you.)"라고 얘기하고, 조직의 상급자나 연장자들은 하급자, 또는 후배들에게 "자부심을 가지라."고 주문하기도 한다.

그런데 전통적 사회에서는 대체로 지나친 자부심을 금기시하고 경계하려고 했다. 갈등을 일으키고 질시의 표적이 되며, 조화롭고 상생하는 사회생활을 저해하는, 겸손과 반대되는 것으로 본 것이다. 기독교에서는 자부심을 허영과 교만, 신 앞에 자신을 낮추지 않고

대적하는 태도와 동일시했다. 단테(Dante Alighieri)의 《신곡(神曲, La Divina Commedia)》에서는 자부심을 일곱 가지 죽음에 이르는 죄악 가운데 가장 나쁜 죄악으로 묘사할 정도였다. 'Pride'를 자만심으로 번역할 수도 있겠지만, 어쨌든 이 두 가지는 단테의 언어나 영어에서 구분되지 않는데, 한마디로 멸망의 지름길로 생각했다. 왜 사람들은 자부심에 대해 그렇게 서로 다른 생각을 갖게 되었을까? 실제로는 한 가지가 아닌 서로 다른 감정인데, 자부심이라는 이름으로 묶어서 생각한 결과가 아니었을까?

예를 들어, 수치심(Shame)과 죄책감(Guiltiness)은 현실에서 서로 연결되는 경우도 있지만, 개념적으로는 명확하게 구별된다. 수치심은 자신의 존재에 대해서 느끼는 감정인 데 반해, 죄책감은 자신의 잘못된 행위에 대한 것이다. 죄책감은 반성과 함께 행동을 수정하고 올바른 방향으로 나아가도록 하는 원동력이 되지만, 수치심은 자기 혐오와 우울증으로 이어지거나 약물 남용, 반사회적 활동을 낳기도 한다.

자부심에 대해서도 이처럼 나눠서 구별해야 한다고 생각하고 집중적으로 연구한 학자가 있다. 《프라이드

(Take Pride)》라는 책을 쓴 캐나다 브리티시콜럼비아대학 (University of British Columbia)의 제시카 트레이시(Jessica L. Tracy) 교수다. 미국 캘리포니아 데이비스대학(U.C. Davis)의 리처드 로빈스(Richard W. Robins) 교수와 함께 그들의 연구 결과를 종합한 내용이 2007년 발표한 〈자부심의 특성 (The Nature of Pride)〉이라는 논문이고, 책은 그후에 나왔다.

우선 그들은 자부심이라는 감정이 지구상 어디에서나 어떤 사람들에게나 보편적인 것인지 조사했다. 일차적 감정은 모든 인류에게 똑같은 표정과 몸짓으로 표현되고 인식되지만, 자의식과 관련된 이차적 감정은 그렇지 않다는 것이 지금까지 학자들의 견해였다. 그런데 모든 조사 지역에서, 심지어는 서구문명의 영향을 받지 않은 아프리카의 오지에서도 자부심에 대한 표현이 동일하게 인식되었다. 엄지손가락을 위로 세워 치켜드는 동작은 문화권에 따라서 다르게 인식되는 데 반해, 가슴을 펴고 고개를 약간 치켜들며, 두 손을 허리에 대거나 치켜든 자세로 약간의 미소를 머금는 것은 어느 문화권에서나 자부심을 나타내는 것으로 여겨진 것이다. 자부심이 확실히 인류의 보편적 감정이라는 것을 확인한 것이다.

그들은 다른 조사를 통해 사람들이 자부심이라는 단어와 개념에서 연상하는 의미를 분류해보았다. 그것들은 확연히 다른 두 범주로 나눌 수 있었는데, 하나는 성취, 승리, 확신과 같이 통제 가능하고 개인의 노력에 의해 달성할 수 있으며 자부심의 원천이 되는 것들이었고, 다른 하나는 거만, 으스댐, 허영과 같은 자아도취적이면서도 자기 과시적인 태도와 관련된 것들이었다. 그들은 전자와 관련된 자부심을 '진정한 자부심(Authentic Pride)'으로, 후자와 관련된 자부심을 '휴브리스적 자부심(Hubristic Pride)'으로 이름 붙이고 구분해서 생각하기로 했다. 대체로 성공이나 긍정적인 사건의 원인을 자기 자신에게 돌림으로써 자부심이 생긴다. 그런데 진정한 자부심은 "열심히 공부한 덕분에 합격했어."라는 식으로 불확실한 가운데 자기 자신의 노력에 비중을 두는 반면, 휴브리스적 자부심은 "나는 항상 뛰어나기 때문에 합격하는 것은 당연해."라는 식으로 노력 여부와 관계없는 타고난 자질이나 신분, 자격, 그리고 안정된 상황에 더 큰 비중을 둔다는 것을 알아냈다.

과거 성공에 기반한 부질없는 오만, 휴브리스

여기서 휴브리스(Hubris)라는 말은, 원래 신의 영역에까지 다다르려는 오만함을 뜻하는 그리스어에서 유래했다. 영국의 역사학자이자 문명비평가인 토인비(Arnold J. Toynbee)가 '성공체험의 우상화'를 뜻하는 역사해석학 용어로 사용하면서 유명해졌다.

그리스 신화에서 이카루스는 새의 깃털과 밀랍으로 만든 날개를 달고 하늘을 향해 날아오르다가 아버지 다이달루스의 경고를 무시하고 태양에 너무 가까이 가는 바람에 밀랍이 녹아 땅에 떨어져 죽었다.

토인비의 해석에 따르면, 이카루스가 하늘을 난 것처럼 창조적 소수의 능력과 노력에 의해 역사가 바뀌지만, 일단 역사를 바꾸는 데 성공한 그들 소수는 과거에 일을 성사시킨 자신들의 능력이나 방법을 지나치게 믿어서 '우상화의 오류'를 범하기 쉽다고 한다. 그들은 과거의 경험이나 능력만을 절대적 진리로 믿고, 주변 사람들의 생각이야 어떻든, 또 세상이 어떻게 바뀌든 상관없이 과거에 했던 방식대로 일을 밀어붙이다가 결국은 실패하게 된다는 것이다. 휴브리스는 그런 식으로 과거의 성공에 기반한 부질없는 오만을 뜻하는 말이다.

따라서 휴브리스야말로 자만심에 가깝다고 할 수 있고, 심지어는 '신에 대한 불경'의 뜻까지 내포한 것 같다. 진정한 자부심이든 휴브리스적 자부심이든 인류 진화의 과정에서 어떤 역할을 담당했기 때문에 보편적으로 인식되고 표현되게 되었을 것이다. 사회에 이롭고 성공적인 행동을 하면 생존과 번식에 더 유리하기 때문에 긍정적인 느낌, 즉 자부심을 느끼게 해주어 더욱 자주 하도록 유도하는 기능을 했을 것이다.

자부심이 긍정적인 행위를 강화하는 피드백 작용을 한다는 것은, 현대 학자들의 연구에 의해서도 뒷받침된다. 이처럼 집단의 유지와 번성에 도움이 되는 행동을 하는 사람에게 집단은 더 높은 지위와 더 많은 자원을 줌으로써 그런 행동을 장려했을 것이다. 따라서 자부심을 표현한다는 것은 자기가 그럴 자격이 있다는 것을 알리는 신호 역할을 한다. "나는 전체를 위해 기여하는 좋은 사람이므로 나를 우위에 놓고 대접해 달라."는 외침이라고나 할까? 자부심을 표현할 때는 대체로 크게 웃는 대신 보일 듯 말 듯한 약간의 미소를 짓는다. 미소는 우정과 동맹을 뜻한다. 자부심의 신체적 표현은 "내가 우위에 있지만, 여전히 나는 너의 적이 아니라 친구"라는 신호를 보내는 것과 마찬가지다.

그런데 휴브리스적 자부심은 왜 생겼을까? 트레이시 교수의 해석에 따르면, 진정한 자부심은 자부심을 느낄 만한 행동이나 성취에 기반하고 있는 반면에, 휴브리스적 자부심은 실제로 긍정적인 역할이나 기여에 관계없이 지위나 자원, 존경만을 얻기 위한 지름길 또는 일종의 속임수이다. 다시 말하면 '존경받을 만함'이 아니라 결과로서의 '존경'만을 추구하고, '뛰어난 업적(Excellence)'보다 '우월적 지위(Superiority)'만을 추구하는 것이다.

이런 식의 자부심이 만연하면 사람들이 기여하는 바 없이 보상만을 추구하므로 사회적으로 득이 되지 않고 해를 끼친다. 개인에게 있어서는 스스로 만들어 내는 것에 기반하지 않고 남들에 의해 주어지는 것이라는 취약한 바탕 위에 결과를 추구하므로 원하는 것을 얻지 못하면 자기 비하로 연결되거나, 편견과 집단 갈등, 공격성 등의 탈출구를 찾게 된다. 자부심이 행동적으로 표현되는 양식은 동일하지만, 배후에는 이처럼 서로 다른 원천을 가지고 있다는 것이다.

대부분의 직장이나 조직에서는 구성원들에게 소속에 대한 자부심을 가지라는 주문을 한다. 그런데 그 자부심이 만약 휴브리스적 자부심이라면 잘못된 것 아닐까? 일단 자랑할 만한 조직에 속해 있으니까 그만큼 더 열심히 기여하라는 것으로 해석할 수 있을 것이다. 그렇지만 조직에 속함으로써 얻을 수 있는 혜택을 늘려서 고취하려는 자부심은 수혜자로서의 자부심, 즉 휴브리스적 자부심이다. 그것들은 대개 기업 입장에서 자산이 아니라 부채가 된다. 실제로 높은 급여와 훌륭한 복지 혜택을 당연하게 생각하고, 차별적이고 배타적인 문화를 자부심의 근원으로 삼았던 많은 기업들은 변화에 적응하지 못하고 문을 닫은 경우가 많았다. 그 구성원들이 누린 혜택은 대부분 그들의 선배들이 이뤄낸 성취와 업적 덕분에 가능한 것이었다. 그런데도 언제까지나 계속해서 누릴 수 있는, 또는 누려야 할 당연한 권리로 간주했기 때문이다.

기업의 입장에서 자산이 될 수 있는 구성원들의 자부심은 기여자로서의 자부심이다. 구성원들이 기업을 위해 기여하는 것에 대해 자부심이 생기려면, 기업이 사회를 위해 기여한다는 전제가 있어야 가능하다. 많은 기업들이 직원들의 자부심을 늘리려는 여러 가지 시도를 하고 있지만 대부분 제대로 방향을 잡지 못하는 이유는, 이 전제에 대해 진정성을 보이지 못하기 때문이다. 휴브리스적 자부심이든 진정한 자부심이든 조직은 개인에게 자부심의 원천으로 중요한 작용을 한다. 그런데 그것이 휴브리스적 자부심뿐만이라면, 반드시 좋은 직장이라고 할 수는 없을 것이다.

휴브리스적 자부심은 지속될 수 있는 자부심이 아니다. 직장을 떠난 후에 그 직장에서 어떤 대우를 받았는지 자랑하는 얘기를 즐겁게 들어줄 사람은 없다. 반면에 진짜 자부심은 나중에 그 직장을 떠난 후에도 계속 유지될 수 있고, 언제든 나에게 힘을 줄 수 있는 자부심이다. 그런 자부심을 줄 수 있는 회사라면 일을 더 잘하고 싶은 마음은 자연스럽게 생길 것이고, 누가 시키지 않아도 더 노력하게 된다.

일을 더 잘하려고 노력하다 보면 그것이 자부심으로 이어지기도 한다. 대부분의 회사나 조직에서 그럴 것이다. 그런데 내가 아무리 노력해도 자부심을 가지기 어렵거나 진짜 자부심이 아닌 휴브리스적 자부심만 키운다면 그런 직장은 오래 있을 필요가 없다. 빨리 떠날수록 좋다. 진짜 자부심은 일을 수단으로 삼아 얻어내는 것에 대한 자부심이 아니라, 일을 통한 자신의 역할과 기여, 공헌처럼 만들어내는 것에 대한 자부심이다. 그런 자부심이 결국 행복으로 이어지며, 그런 자부심을 느끼는 사람이 많을수록 좋은 사회가 된다.

의미 있는 일을 하고 거기서 자부심을 느껴야

기업가가 자신이 쌓은 부에 대해 갖는 자부심은 정당한 것일까? 기업가적 위험 감수를 통해 무에서 유를 창조하고 사회를 위해 기여한 바가 뚜렷하다면, 자부심을 가지기에 마땅하다. 그런데 그 '부'가 투기나 권력과의 유착, 약자에 대한 착취, 랜덤(Random)한 확률로 제로섬게임에서 승리한 결과로 만든 것이라면 얘기가 다르다. 자부심을 느낄 만큼 정당한 과정과 노력의 결과가 아닌데도 느끼는 자부심, 그것이 바로 휴브리스적 자부심이다.

건강한 조직과 사회는 결과적으로 승리한 소수들

가운데 과정에서부터 최선의 노력을 다하고 전체를 위해 기여한 바가 확실한 소수를 구별해내고, 그들에게 진정한 존경을 보낼 줄 안다. 그렇지 않으면 모두가 결과만 중시하고 과정을 무시하여 과도하게 위험을 추구하고, 그에 따른 부담은 어떻게든 국가나 사회, 타인에게 전가하려고 애쓰게 된다.

휴브리스적 자부심이 사회에 득이 되지 않고 오히려 해가 될 수 있다는 것은 분명하다. 그런데 개인에게도 나쁜 영향을 미치고 해가 되는 이유는 무엇일까?

먼저 적이 늘어나는데도 자기를 과대평가해서 위험에 쉽게 노출된다. 이솝 우화에 자기 그림자에 우쭐해진 늑대와 사자 이야기가 있다. 어느 날 해가 서쪽으로 넘어가던 저녁 무렵, 넓은 들판길을 혼자 어슬렁거리며 걸어가던 늑대 한 마리가 문득 제 그림자를 보고 길게 뻗은 그림자의 크기에 자신만만해져서 우쭐대다가 그 모습을 아니꼽게 바라보던 사자에게 혼이 난다는 얘기이다. 늑대가 평소 가지고 있던 조심성이 제 그림자에 우쭐해진 순간 사라져버린 것이다.

또 다른 이유는 변화에 둔감해지고 가진 것을 지키려고만 한다. 8세기 무렵 돌궐족을 부흥시킨 명장 톤

유쿠크(Tonyuquq)의 비문에는 "성을 쌓고 사는 자는 반드시 망할 것이고, 끊임없이 이동하는 자만이 살아남을 것이다."라는 문구가 있다고 한다. 계속 움직이고 새로운 것을 받아들이면서 다양하고 끝없이 변화하는 환경에 효과적으로 적응하는 것이 생존과 번영의 열쇠이다. 그런데 휴브리스적 자부심으로 가득 찬 사람은 지키려고만 한다. 그런 사람이나 집단은 여기 있는 것, 지금 가진 것, 내 것을 고집하고 지키려고만 하다가 멸망한다.

다. 진정한 자부심, 자기 자신을 사랑하기

진정한 자부심을 가지려면 자기 자신을 어떻게 대해야 할까? 한마디로 말하면 자기 자신을 사랑해야 한다. 두 마디로 얘기하면 자기 자신을 귀하게 여기고 소중하게 다루는 것이고, 그렇게 하려면 이 세 가지를 기억하면 된다. 첫째, 자신을 너무 괴롭히지 마라. 둘째, 자신을 함부로 업신여기지 마라. 셋째, 꾸준히 스스로를 도와라. 당연한 얘기이고, 아주 쉬운 얘기처럼 느껴질 수 있다. 과연 그럴까?

자신을 너무 괴롭히지 않기 1 - 일중독, 번아웃

먼저 자신을 괴롭히는 문제에 대해서 생각해보자. 인기를 끄는 TV드라마의 주인공들을 보면 직장에서 성공적으로 잘나가는데 그 이면으로는 자신을 끝없이 괴롭히고 몰아붙이고 심지어 학대하는 캐릭터들이 많이 나온다. 광고대행사를 배경으로 하는 드라마 '대행사'의 주인공 고아인 상무도 그렇고, 대치동 학원가를 배경으로 하는 드라마 '일타스캔들'의 주인공 최치열도 그렇다. 불면증, 섭식장애에다 대인관계는 까칠하고, 일하느라 밤을 꼴딱 새우기를 밥 먹듯이 하고, 자기 자신에게는 휴식이나 선물과 같은 보상을 전혀 하지 않는 사람들이다.

드라마에서는 그들도 주변의 도움을 받아 자신과 화해를 하지만, 현실 세계의 그런 사람들은 얼마나 오래 버틸 수 있을까? 중요한 일이 있을 때 일정 기간 집중하고 몰입하는 것과는 다른 문제다. 집중하고 몰입해서 중요한 일을 마치고 나면, 휴식을 취하고 주변 관계도 돌아보고 자기 스스로를 다독거리기도 하면서 다음을 준비해야 한다. 그런 과정 없이 계속 자신을 몰아붙이기만 하면, 기계가 아닌 이상 고장이 나거나 아예 망가지기 마련이다. 하물며 기계도 때때로 닦고 조이고 기름 치는 시간이 필요하다.

드라마 캐릭터니까 너무 과장된 것 아니냐고 생각할 수 있겠지만, 현실 세계에서도 그런 사람들이 꽤 많다. 드라마에서는 그나마 아주 일을 잘하는 사람들이지만, 현실 세계에서는 일을 잘하는 것과 관계없이 일에만 몰두하고 집착한다는 것이 더 비극이다. 중요한 진실은 그렇게 자신을 괴롭히니까 일을 더 못하게 된다는 것이다. 축구 감독이 선수들에게 시합 전날까지 전술 훈련이 아닌 강도 높은 체력 훈련만 시키면, 시합의 결과는 뻔할 것이다. 좋지 않은 시합 결과를 두고 또 다시 정신무장이 덜 되었다고 비난하면서 무지막지하게 체력 훈련을 시킨다면? 성적은 말할 것도 없고 팀 자체가 유지되지 않을지도 모른다.

자신에게도 마찬가지다. 일중독이라는 것이 꼭 오랜 시간 일을 붙잡고 있는 것만은 아니다. 직접 일하는 시간 외에도 때와 장소를 가리지 않고 모든 상황을 강박적으로 일과 관련시켜 생각한다면, 그게 바로 일에 대한 집착이고 일중독이다. 그렇게 되면 일을 객관적으로 바라보지 못한다. 세상을 두루 균형 있게 바라보고, 자신에게 최상의 컨디션을 제공하고, 주변 여건이 자신의 일과 조화롭도록 만들어야 하는데, 그렇지 않으면 일의 결과가 좋을 수 없다. 일의 결과가 나쁘니까 더 일에 집착하고 몰두하는 악순환의 고리에서 헤매다가 결국 번아웃(burn-out)에 빠지고 만다.

일중독자나 완벽주의자 소리를 듣던 사람들이 한순간에 모든 일에 소극적으로 변하고 손 하나 까딱하기 싫어하고 피로감과 무기력에서 빠져나가지 못하는 것이 번아웃증후군이다. 세계보건기구(WHO)의 질병분류(ICD-11)에 의하면, 번아웃증후군이 세 가지 양상으로 나타난다고 한다. 첫째, 직무로 인해 기력이 없고 쇠약해진 탈진 상태, 둘째, 직업에 대해 부정적이고 냉담해지는 감정 상태, 그리고 마지막으로 일의 효율이 저하되는 상태이다. 특히 성취욕이 많고 매사 전력을 다하는 성격의 사람이 번아웃을 겪기 쉽다고 한다. 그대로 방치하면 개인은 무기력증과 우울증에 빠질 수 있고, 조직의 입장에서도 자칫 유능한 직원을 잃고 조직문화에 나쁜 영향이 생길 수 있다.

영화 '월스트리트(Wall Street)'의 주인공 고든 게코는 점심은 찌질이들이나 먹는 것이라면서 "탐욕은 좋은 것(Greed is good.)"이라고 했다. 그렇게 죽도록 한 방향으로 내달린 결과는 파멸이었다. 일에 지나치게 집착하는 것이 좋지 않은 이유는, 일의 한 측면만을 보고 전체적, 객관적으로 볼 수 없다는 것이다. 어떤 사물을 볼 때도 적당히 거리를 두고 떨어져서 봐야 전체가 보인다. 레오나르도 다빈치의 '모나리자'를 한 뼘 거리에서 뚫어져라 쳐다본들 웃고 있는지, 울고 있는지, 눈

썹이 있는지 없는지 제대로 보일 리 없다. 일도 마찬가지다. 단순 반복적으로 무작정 일을 붙들고 있으면, 그 일을 개선할 방법은커녕 개선하겠다는 생각 자체도 들지 않는다.

J가 인턴으로 일할 때 스프레드시트로 데이터를 정리하다가 적당한 매크로를 사용하면 많은 데이터를 쉽고 빨리 정리할 수 있겠다는 생각을 했다. 그런데 사수가 반드시 수작업으로 하나하나 타이핑을 해서 데이터를 정리하라고 지시했다고 한다. 그렇게 해야 데이터의 전체 모습이 눈에 들어오고 오류나 예외적인 것들을 발견할 수 있다는 이유였다. 그런데 J는 그렇게 하면 입력하기 바빠서 데이터를 파악하기가 더 힘들었고, 매크로로 돌려서 입력해 놓고 다시 찬찬히 살펴보는 것이 더 낫겠다고 생각한 것이다.

어떤 일에 사람마다 자기만의 방법이 있을 수 있다. 대개는 익숙함의 결과이다. 익숙해지면 타성이 생기고 변화와 개선에 대한 필요는 점점 멀어진다. 그 사수가 처음 일을 배울 때는 데이터를 하나하나 입력하면서 파악하는 것이 대안이 없는 유일한 방법이었을지도 모른다. 더 나은 대안이 생겼을 때는 이미 기존의 방법에 익숙해지고 나름 숙달의 경지에 올랐을 것이다. 그러나 일 자체든, 일의 방법이든 그것에 대한 지나친 집착은 자신을 괴롭힐 뿐 아니라 일의 성과 측면에서도 발전을 저해한다. 이것은 몰입하지 말라는 얘기가 아니다. 집착과 몰입은 다르다. 몰입은 새로운 가능성에 열려 있으면서 집중하는 것이고, 집착은 새로운 가능성을 모두 닫아버린 상태이다. 몰입은 대상과 하나가 되어 자유롭게 흐르는 느낌을 주지만, 집착은 대상에 이끌려 자기 자신에 대한 통제력을 잃어버리는 것이다. J는 힘들어도 즐거우면 몰입이고, 열심히 하면서도 즐겁지 않으면 집착이라고 표현했다.

자신을 너무 괴롭히지 않기 2 - 남과의 비교, 자책

일을 하는 즐거움을 없애는 가장 빠른 방법이 비교다. 명언을 많이 남긴 미국의 시어도어 루스벨트 대통령은 "비교는 즐거움을 훔쳐가는 도둑(Comparison is the thief of joy.)"이라고 했다. 꽤 괜찮았던 자신을 한순간에 비참함의 구렁텅이로 빠뜨리는 것이 남과의 비교다.

대개 사람들은 남들의 가장 좋은 면, 반짝반짝 빛나는 면과 자신의 어두운 면, 뒤에 몰래 감추고 싶은 면을 비교한다.

앞서 얘기한 것처럼 수치심도 자의식과 관련된 감정인데, 남과의 비교는 수치심으로 연결된다. 마치 불행해지려고 작정을 하고서 비교하는 것처럼 결말이 정해져 있다. 가끔 아주 불행한 사람을 보고 스스로 위안을 하기 위한 비교도 있고, '토끼와 거북이'의 우화에서 토끼처럼 자만심으로 스스로를 나태하게 만드는 비교도 있는데, 둘 다 건강하지 않은 것은 마찬가지다. 어쨌든 자신을 끊임없이 남과 비교하는 것은 자신을 괴롭히는 대표선수다.

비교를 하려면 차라리 과거의 자신과 비교하거나 목표하는 자신의 모습과 비교하는 것이 남과의 비교보다 훨씬 낫다. 그렇지만 그것도 자칫 쓸데없는 자책으로 이어질 수 있다. 자신에게 충실하고 현재에 충실한 것이 최선이다.

사실 비교를 하지 않는다는 것은 대단한 공력이 없으면 힘들다. 일의 결과가 좋지 않을 때 괴롭더라도 비교나 자책이 있어야 다음에 더 발전할 수 있다는 생각이 들기도 한다. 그 말도 맞다. 무작정 최선을 다하기보다 남과의 비교 또는 과거나 미래의 자기와의 비교가 도움이 될 수도 있다. 그러나 그 비교는 객관적이고 합당한 비교여야 한다. 남들의 가장 좋은 면과 자신의 가장 나쁜 면을 비교하는 것은 제대로 된 비교가 아니다.

자책도 마찬가지다. 좋지 않은 결과를 받아들고 자신이 했던 결정에 대해 후회하고 자책한다. 그런데 그 결과가 온전히 자신의 결정에 의해 100퍼센트 정해지는 것은 아니다. 자신이 결정할 수 없는 운이나 환경적 요인, 예측할 수 없었던 우연적 요인들이 자신의 결정과 합쳐져서 결과를 만든다. 결정은 자기가 했더라도 결과는 온전히 자기 혼자 만든 것이 아니라는 얘기다. 사람들은 대개 그 결정이 최선이었는지 따지기보다 받아든 결과에 따라 자책을 한다. 과도한 의미부여다.

우리가 집중해야 할 것은 결과의 차이가 아니라 결정 및 실행 과정의 차이다. 자신의 결정이 최선의 결정이었는지, 실행 과정에서 최선의 노력을 다했는지에 대해 돌이켜보고 다시 생각하는 것은 분명히 필요하다. 그것은 자신을 괴롭히는 자책이 아니라 스스로를 돕는 반성이다. 제대로 된 반성을 하면, 괴로운 것이 아니라 오히려 정신이 맑아지고 기분이 좋아진다. 길을 잃고 헤매다 길을 찾은 느낌이 든다.

결과가 나쁠지라도 내 결정이 결정할 당시의 조건에서 충분히 훌륭했다면 자책할 일이 아니다. 최선의 결정을 한다는 것은 결과에 대한 기대값을 가장 높일 수 있는 결정을 한다는 것이다. 최초의 선택, 그리고 실행 과정에서 꾸준히 최선의 결정을 함으로써 우리는 최선의 결과를 얻을 확률을 높여 가는 수밖에 없다. 즉, 결과가 나쁘다고 해서 결정이 나빴기 때문이라고 단정할 수 없다. 충분히 훌륭한, 어쩌면 최선의 결정이어도 결과는 나쁠 수 있다. 그때는 그 결과를 받아들이고 다시 새로운 결정을 할 때 최선을 다하면 된다.

집착하고, 비교하고, 자책하는 것처럼 자신을 스스로 괴롭히는 일은 모두 다 일을 잘하거나 성장하는 데 도움이 되지 않는다. 자신을 사랑하는 방법의 첫째 내용은, 집착하고 비교하고 자책하면서 자기 자신을 괴롭히지 않는 것이다.

자신을 업신여기지 않기 1 - 심리적 트라우마로 포기 금지

자신을 사랑하는 두 번째 방법은, 자신을 함부로 업신여기지 않는 것이다. 업신여긴다는 말은 원래 '업시너기다', 즉, '없다고 생각하다, 없는 것처럼 취급하다'라는 뜻이었다. 남도 아닌 자신을 없는 것처럼 취급한다는 것은, 주위에 어떤 영향도 미칠 수 없고 앞으로 뭔가 할 수 있는 가능성도 없다고 보는 것이다. 다시 말하면 그냥 포기하는 것이고, 있으나 마나 한 존재로 살아가겠다는 것이다. 포기하는 사람은 대개 자기 나름의 합리화를 한다. 이솝우화의 '여우와 신 포도'에서는 추구 대상의 가치를 폄하해서 합리화를 한다.

한편, "나는 안 돼. 내 주제에 무슨!"이라면서 자기 자신을 폄하해서 합리화를 하는 경우도 있다. 아마존 강에 사는 피라냐라는 무섭고 흉포한 물고기를 관상용으로도 많이 키운다고 한다. 피라냐들이 사는 수족관 한 쪽 끝에 먹이를 매달아 놓으면, 먹이를 쫓아 몰려온다. 이때 한가운데를 투명한 유리판으로 막으면 얼마 동안 이놈들이 먹이를 쫓아 유리판에 돌진을 거듭한다. 그러다 시간이 좀 더 흐르면 더 이상 부딪히지 않는다. 피라냐들이 잠잠해지면 조용히 유리판을 치운다. 그다음에 어떤 일이 벌어질까? 먹이를 매달아 놓아도 배고픈 피라냐들이 유리판이 있을 만한 곳을 넘지 않고 적당히 헤엄치다 되돌아온다고 한다.

포기한다는 것은 스스로를 칸막이 안의 피라냐로 만드는 것이고, 그것이 바로 자신을 업신여기는 것이다. 사람들은 대개 아무 이유 없이 포기하지는 않는다. 자기도 기억하지 못하는 어린 시절의 트라우마가 있을 수도 있고, 한두 번 시도한 것이 통하지 않았을 수도 있다. 다 나름의 이유가 있다. 칸막이 안의 피라냐들도 머리를 부딪히면서 여러 번 애를 썼다. 포기하는 순간부터 할 수 있는 일이 없어진 것이다. 자신의 가능성을 믿지 않고 포기하는 순간, 부족한 존재, 가치도 없고 가능성도 없는 존재가 되어버린다.

내 아버지께서는 고향의 특산품 중 하나인 서대를 몇 해 전까지 전혀 드시지 않았다. 그런데 어머니께서 어쩌다 서대찜을 만드셨는데 아주 조금 떼어 맛보시고는 조금씩 먹는 양을 늘리셨다. 이제는 평생 안 드셨던 것을 맛있게 잡수신다. 아마 아버지께서 기억도 못 하시는 어린 시절에 상한 서대 때문에 배탈이 났거나 누군가 배탈로 크게 고생하는 것을 보셨을 것이다. 이처럼 기억도 나지 않는 일로 생긴 트라우마에 발목 잡힌 사람들이 많다. 이유도 모른 채 "난 이건 못 해." 하면서 포기하고 시도하지 않는 것이다. 트라우마가 쉽게 극복될 수 있는 것은 아니다. 그러나 중요한 일에 발목이 잡힌다면 극복이 필요하다. 치명적인 알레르기가 아니라면 서서히 조심스럽게 접근해서 실재가 아닌 마음 속의 환영을 지워야 한다.

직장생활 중에 생기는 트라우마들도 비슷하다. 남들 앞에서 발표를 할 때 심하게 떠는 사람들이 있다. 어렸을 때 발표를 하다가 실수했을 수도 있고, 그로 인해 친구들로부터 놀림을 당했을 수도 있다. 기억도 나지 않는 일이 현재에 심각한 영향을 미친다. 그렇다고 사람들 앞에 나서는 것을 "나는 원래 발표를 못 해. 내가 나서면 다 망칠 거야."라면서 계속 피해야 할까? 그럴 수는 없다. 서대찜 먹는 양을 조금씩 늘려 가는 것처럼 비슷하게 접근해볼 수 있다.

처음에는 남들 앞에서 딱 한 문장으로 된 의견 제시나 질문을 해보는 것이다. 중간에 더듬거나 실수하지 않도록 미리 충분한 연습을 하면 더 좋다. 말을 꺼내기도 전에 머릿속이 하얘질지도 모른다. 추가적인 설명을 요청받았을 때 아무 생각이 안 날 수도 있다. 그래도 일어서서 남들 앞에서 한 마디 하는 것이 중요하다. 첫 한 걸음을 떼는 것이다.

사실 이 얘기는 내 얘기다. 사람들 앞에서 뭔가 얘기하려면 자꾸 식은땀이 났다. 목소리도 떨렸다. 얘기를 마치고 나면 내 의도대로 다 말하지 못했다는 생각에 요즘 말로 자꾸 이불킥을 하고 싶었다. 30대 초반 사원 시절까지 그런 식이었다. 승진하고 간부가 되면 더 많은 일이 생길 테니 계속 피할 수는 없었다.

그래서 사람들이 모인 자리에서 정말 딱 한 문장만 말하는 연습을 했다. 문장이 외워지지 않으면 수첩에 적어서 읽기라도 했다. 한 문장으로 끝내야 하니까 그 자리에서 꼭 필요하고 중요한 말을 하기 위해 많이 고민했다. 몇 번 그렇게 하고 나니까 얘기할 때나 얘기하고 나서도 더 이상 머릿속이 하얘지지 않았다. 괜찮아진 것이다. 그후로 우리말로나 영어로나 발표를 많이 해야 하는 직무를 맡은 적도 있었고, 회장님과 같은 높은 분께 단독보고를 해야 하는 경우도 많았는데, 그럭저럭 적응이 되었다.

사원 시절에 그 연습을 해 두지 않고 나중에 그런 상황을 맞아 덜덜 떨기라도 했으면 큰 실수를 했을지도 모른다. 요즘은 대학이나 수백 명의 청중이 모인 자리에서 강의를 하기도 하고, 언론사가 주최하는 행사에서 발표하기도 하니까 웬만큼 극복한 것 같다.

어쨌든 '안 된다', '못 한다'고 생각하고 포기하면, 그때부터 할 수 있는 일은 아무것도 없다. 해보겠다고 생각하면 방법이 있고, 그다지 어렵지 않게 시작할 수도 있다. 예를 들어, 살을 빼는 것이 아니라 매끼마다 밥 한 숟가락을 덜 먹는 것이라고 생각해볼 수 있다. 담배를 끊는 것이 아니라 담배 필터를 입에 대지 않겠다고 마음먹으면 더 쉽다. 포기하지만 않으면 시도해볼 수 있는 다양한 방법이 생긴다.

중요한 것은 결심한 것을 예외 없이 단호하게 지켜야 한다는 것이다. 그러려면 스스로 견딜 수 있는 만큼만 견뎌야 한다. 공부를 할 때도 하루 10시간씩 공부하겠다고 마음먹으면 지키기 쉽지 않다. 그런데 '50분 동안 공부하고 반드시 10분 쉬겠다. 10분을 쉬었으면 일단 책상에 앉겠다.'고 마음을 먹으면, 하루에 10시간까지도 가능하다. 자신이 감당할 수 있는 크기와 어려움으로 도전하는 것이다. 자기 자신을 업신여기지 말고 스스로에게 기회를 주는 데 주저하지 않으면, 얼마든지 가능한 일이다.

자신을 업신여기지 않기 2 - 시작한 일 쉽게 포기 금지

'1만 시간의 법칙'은 어떤 일에 통달하고 높은 수준의 전문가가 되려면, 1만 시간의 준비와 연습이 필요하다는 내용으로 알려져 있다. 원래 플로리다주립대(Florida State University) K. 안데르스 에릭슨 교수(Anders Ericsson)의 연구 결과를 말콤 글래드웰(Malcomb Gladwell)이 그의 책 《아웃라이어(Outliers)》에 소개해서 유명해졌다.

그런데 그 얘기가 오히려 사람들이 뭔가를 시작하고 변화를 일으키는 데 방해가 된다고 주장하는 사람이 있다. 원래 '1만 시간의 법칙'은 정상급 피아니스트, 체스 그랜드마스터, NBA 농구선수와 같은 세계 최고 수준에 도달한 사람들에게 해당하는 얘기였다. 그것이 조금씩 변해서 일반적인 전문가가 되기까지 걸리는 시간이 되었다가, 그다음에는 무엇인가에 능숙해지는 시간, 더 나아가서 뭔가를 새로 배우는 데 걸리는 시간처럼 오해받고 있다는 것이다.

《처음 20시간의 법칙(The First 20 Hours)》을 쓴 조쉬 카우프만(Josh Kaufman)의 주장이다. 1만 시간은 하루에 3시간씩 꼬박 10년이 걸리는 시간이다. 카우프만에 의하면, 뭔가를 배우거나 능숙해지는 데는 20시간이면 충분하다고 한다. 하루에 45분씩 할애하면 한 달 정도 걸리는 시간이다. 사실 이 정도면 하고 싶은 일에 큰 고민 없이 투자해볼 만하다. '처음 20시간의 법칙'은 새로운 시작과 도전을 가볍게 만들어준다. 그 정도의 부담이라면 자신에게 좀 더 많은 기회를 주더라도 괜찮을 것 같다.

자신을 업신여기는 다른 한 가지는, 시작한 일을 쉽게 포기하는 것이다. 마라톤을 할 때 몸의 어느 부분이 가장 먼저 아프기 시작할까? 다리? 심장? 그 답은 모든 이에게 같은 곳이 아니라 사람마다 다르다. 몸에서 가장 약한 부분부터 아프기 시작한다. 발목이 아플 수도 있고, 가슴이 아플 수도 있다. 어딘가 아프기 시작하면 이렇게 생각하기 쉽다. "아, 나는 그곳에 문제가 있어서 장거리 달리기를 할 수 없나 보다." 포기하는 이유를 바로 그 약한 부위에 돌린다.

그런데 달리 생각할 수도 있다. 더 오래 달리기 위해 제일 먼저 고치고 바로잡아야 할 부분을 그 통증이 알려주는 것이다. 그곳을 고치고 개선하면 더 오래 달릴 수 있다. 그러고 나면 다음으로 약한 부분이 또 아프기 시작한다. 그러면 또 그 부분을 고치면 된다.

아프다는 것은 그만두라는 신호가 아니다. 그 부분을 개선해서 더 튼튼하게 만들라는 신호다. 약한 부분을 그대로 한계로 생각하고 그 상태로 '나'를 규정하면 포기하는 것이다. 개선하고 고쳐 나갈 수 있는 것이 '나'라고 규정하면 더 앞으로 나아가고 발전할 수 있다. 포기하고 싶을 때 한 걸음 더 나아가라고 하는 이유가 바로 그것이다. 그때 느끼는 고통과 문제점이 내가 고치고 바꾸고 발전시켜야 할 것이 무엇인지 알려주기 때문이다. 단지 억지로 참고 견디라는 것이 아니다. 발목이 아픈데 무작정 참고 계속 뛰면 완전히 못쓰게 될 뿐이다. 문제가 있는 부분은 해결하고 가야 한다. 일찍 포기하면 문제가 무엇인지 알 수 없다. 고칠 수도 없고 개선할 수도 없다.

물론 포기의 이유를 개인에게만 돌릴 수는 없다. 구

조적인 문제를 간과하는 잘못을 범할 수 있다. 여성들이 유리천장에 부딪치거나 소수자들이 쉽게 변하지 않는 세상의 편견 때문에 좌절하는 경우, 그 책임을 개인에게만 물을 수는 없다. 세상에는 편견이나 선입견과 같은 눈에 보이지 않는 장애물들이 있다. 그로 인해 어떤 사람들은 아예 새로운 시도를 하지 못하고 심지어 꿈조차 꾸지 못한다. 그것은 포기하는 것과는 또 다른 문제이고, 지금의 주제는 아니다. 우리 주변에서 우리가 알아차리지도 못한 채 일어나는 부조리하고 불합리한 일들은 꼭 다루어야 할 중요한 문제이지만, 일단은 논외로 하자.

이미 우리가 문제라고 느끼는 것들, 불합리하다고 생각하는 것들, 꿈꿀 수 있는데 능력의 문제가 아닌 다른 이유로 접근이 거부당한 것들, 그런 것들은 우리 몸의 아픈 부분과 같다. 포기할 이유가 아니라 고치고 개선해야 할 것들이다.

성별이나 학력, 출신 지역, 가문, 인종 등이 꿈꾸는 일을 이루는 데 어려움을 줄 수는 있다. 그러나 도저히 바꿀 수 없는 한계나 신의 영역은 아니다. 유아기나 사춘기 때에는 그때의 자기 모습이나 능력을 평생의 것처럼 생각할 수 있다. 그러나 성인이 되면 그렇지 않다는 것을 알게 된다. 마찬가지로 어떤 장애요인 때문에 꿈꾸는 일을 포기하는 것은 유아기 때의 자신을 고정된 자신의 모습으로 여기는 것과 다름없다. 자신이 계속 더 배우고 발전하고 앞으로 나아갈 수 있다고 믿는 것은 선택의 문제다.

앞서 잠시 유보했던 유리천장과 구조적 문제들 또한, 개인들의 노력이 모이고 연대를 이루고 그것들이 합쳐질 때 해결 가능하다. 개인의 성장과 발전을 주제로 다루는 이 책에서 중요한 것은, 원하는 것이나 바꾸고 싶은 것이 있으면 자신에게 적극적으로 기회를 주어야 한다는 것이다. 큰 부담과 망설임 없이 자신에게 기회를 주는 것만으로도 많은 것을 이룰 수 있다.

자신을 업신여기지 않기 3 - 시도하지 않아 후회하기 금지

J의 친구 한 명이 잘 다니던 회사를 그만두고 실용음악과에 편입했다. 그 소식을 두고 다른 친구들과 얘기를 나누는데, 한 명이 불쑥 이렇게 얘기했다고 한다.

"내버려둬. 인생은 나중에 무엇을 후회할지 정해 나가는 과정이야. 걔는 그 과정을 착실하게 밟고 있는 거야."

후회에는 한 일에 대한 것과 하지 않은 일에 대한 것의 두 가지가 있다. 사람들이 어느 쪽을 더 많이 후회할까? 한 일이 잘못되었을 때 하는 후회가 더 많을 것이라고 생각하기 쉬운데, 실상은 그 반대라고 한다.

《탈무드》에 이런 구절이 있다. "실패한 일을 후회하는 것보다 해보지도 못하고 후회하는 것이 훨씬 바보스럽다." 후회는 고통을 수반하는 감정이기 때문에 적을수록 좋다. 그런데 사람들이 짧은 과거의 일 중에서는 했던 일을 주로 후회하는 데 반해, 오래된 과거의 일 중에서는 했던 일보다 하지 않은 일을 더 많이 후회한다고 한다.

후회에 대해 집중적으로 연구한 코넬대학교(Cornell University) 심리학과 토마스 길로비치(Thomas Gilovich) 교수에 의하면, 후회라는 감정은 선택할 수 있었지만 선택하지 않아서 실제로 발생하지 않은 가상의 결과를 선택에 의해 발생한 현실의 결과와 비교하면서 생기는 것이다. 가상의 결과가 현실의 결과보다 더 나았으리라 추정하고, 거기서 느끼는 부정적이고 고통스러운 감정이다. 그런데 한 일로 인한 고통은 시간이 흐르면서 희미해지거나 견딜 만해지는데, 하지 않은 일로 인한 고통은 시간에 따라 점점 크게 느껴질 뿐 아니라 더 자주 떠오르고 오래 기억된다는 것이다.

길로비치 교수가 쓴 〈후회 경험의 시간적 유형(The Temporal Pattern to the Experience of Regret)〉이라는 논문 첫머리는 "후회는 세금과 같다. 거의 모든 사람이 겪는다. 인류 역사 가운데 어느 때보다 선택의 폭이 넓어진 오늘날의 세상에서 전혀 후회를 하지 않아도 될 만큼 일관되게 좋은 결정을 내린다는 것은 극히 어렵다."는 말로 시작한다. 거의 모든 사람이 피하지 못하고, 소득이 늘어날수록 세금을 많이 내는 것처럼 생활 수준이 높아져서 선택의 폭이 늘어날수록 후회도 늘어난다. 과거보다 소득이 늘어나고 선택의 폭이 넓어졌는데도 사람들이 행복하지 않은 이유가 설명된다.

심리학의 '자이가르닉 효과(Zeigarnik Effect)' 또는 '미완성 효과'는, 끝낸 일보다 끝내지 못한 일이나 실현되지 않은 목표를 더 잘 기억하는 현상을 말한다. 수행해야 하는 임무나 해결해야 하는 쟁점이 있으면, 심리적인 긴장이나 강박관념이 생기기 때문이라고 한다. 한 일은 과거에 속하는 데 비해, 하지 않은 일은 미완성이라는 점에서 과거뿐 아니라 현재에도 계속 속하게 되기 때문에 더 자주 떠오르고 더 오래 기억되는 것이다. 그렇기 때문에 앞으로 나아가는 것과 뒤로 물러서는 것 중에서 선택한다면, 그냥 앞으로 나아가는 것이 낫다고 한다.

시애틀퍼시픽대학교(Seattle Pacific University) 심리학과 레스 패롯(Les Parrott, III) 교수는 이렇게 설명한다. "사람들은 시도를 했지만 이루지 못한 일에 대해서는 자기합리화를 해서 상처받기를 거부하지만, 자신이 할 수 있는 일에 망설이다가 결국 행동하지 않는 경우는 자기합리화를 할 방법이 없기 때문에 그 기억이 두고두고 자신을 괴롭힌다." 끊임없이 찾아와 자신을 괴롭히는 후회에 시달리지 않으려면 망설이지 말고 행동으로 옮겨야 한다고 권한다.

그렇다고 하고 싶은 일들을 뭐든지 마구잡이로 시도하라는 얘기는 아니다. 경제적인 비용과 기회비용을 따져보고 대안들과 비교해서 최선의 선택의 결과로 '하지 않기로 하는 것'은, 아예 포기하는 것과 다르다.

합리적인 이유로 다른 대안을 선택하는 것과 "내 주제에 무슨……. 나는 안 돼."라고 하는 것은 차이가 있다. 나중에 찾아오는 후회의 강도도 매우 달라진다. 자신에게 적극적으로 기회를 주는 것은, 무엇인가를 이루고 후회를 없애는 출발점이다.

그러기 위해서는 결과에 집착하는 것보다 과정에 대한 호기심을 갖는 것이 필요하다. 아주 오래 걸리고, 무척 힘든 과정을 겪은 후에도 얻을 수 있을지 없을지 모를 막연한 결과물들은, 우리를 불안하고 진이 빠지게 만든다. '궁금하다. 알고 싶다. 배우고 싶다'는 생각은 우리를 더 즐겁고 유연하게 만든다.

사실 호기심의 끝판왕은 어린아이들이다. 사람의 일생에서 가장 빠르게 발전하는 시기가 바로 그때다. 새로운 것을 시도하고 받아들이는 데 있어 기존의 경험이 장애물로 작용하지 않는다. 또 어린아이들은 "난 안 돼!"라면서 미리 선을 긋지 않는다. 그래서 때로는 위험에 처하기도 하지만 그 모든 과정을 통해서 배우고, 성장하고, 더 나아진다.

자신을 귀하게 여기고 소중하게 다루는 두 번째 방법은, 너무 큰 각오를 다질 필요 없이 어린아이처럼 호기심을 갖고 배우고 포기하지 않고 꿈꾸고 도전하는 것이다. 자신을 업신여기지 않는 것이다.

자신을 꾸준히 돕기 1 - 좋은 습관 들이기

자신을 사랑하는 세 번째 방법은, 스스로 자기 자신을 돕는 것이다.

어쩌면 당연한 얘기다. 그런데 여기에 '꾸준히'라는 단어를 붙여보자. 내게 도움이 되는 일도 꾸준히 하는 것은 생각만큼 쉽지 않다. 지속적으로 내게 도움이 되는 것은 무엇일까?

등산을 할 때 양손으로 스틱을 쓰면 허리와 무릎 관절에 가해지는 충격을 20~30퍼센트 줄여주고, 등과 어깨의 근육을 함께 적절하게 써서 온몸이 균형 있게 발달하는 데 도움이 된다고 한다. 건강을 위해서 하는 등산이지만 그 때문에 관절이 상하기도 하고 뜻하지 않은 부상을 당할 가능성도 있다. 스틱을 쓰는 습관은 나쁜 가능성은 줄여주고 균형 잡힌 건강을 이루는 데 도움을 준다. 처음에는 약간 불편할 수도 있지만, 손에 익으면 전혀 거추장스럽지 않고 없으면 오히려 허전하게 느껴진다. 좋은 습관은 등산을 할 때 쓰는 스틱과 같다. 나도 모르는 사이에 나에게 힘을 보태서 나쁜 결과가 나올 확률을 줄이고 좋은 결과가 나올 확률을 높여준다. 좋은 습관은 굳이 부탁하지 않아도 알아서 나를 도와주는 숨은 조력자다. 스스로를 돕는다는 것은 좋은 습관을 들인다는 뜻이다.

예의 바른 행동을 한 번 한다고 좋은 결과를 바로 기대하기는 어렵다. 그러나 그것이 꾸준히 실천하는 습관이 되면, 그 힘은 의외로 크다. 간단한 수학 문제를 하나 풀어보자.

1퍼센트의 성공 확률을 가진 어떤 일을 독립적으로 300번 시도하면, 그 중 한번이라도 성공할 확률이 얼마나 될까? 30퍼센트? 50퍼센트? 실패할 확률 0.99를 300번 곱하면 0.05보다 작은 숫자가 나온다. 즉, 300번 모두 실패할 확률이 5퍼센트 미만이다. 한 번이라도 성공할 확률은 95퍼센트 이상이다. 이것이 바로 꾸준함의 힘이고, 좋은 습관의 힘이다.

나쁜 습관도 마찬가지다. 옛날에 할머니들은 아이들이 문지방에 올라서면 "문지방 밟지 마라. 코 깨진다.”고 하셨다. 그러면 아이들은 “에이, 무슨 문지방 밟는다고 코가 깨져요?”라면서 항변하고는 했다. 문지방에 수십, 수백 번 올라서다 보면 한 번쯤 넘어지는 일이 생길 수 있고, 코가 깨지거나 팔이 부러질 수도 있다. 확률은 낮지만, 일어나면 치명적이다. 좋은 습관을 들이는 것이나 나쁜 습관을 피하는 것이나, 처음 시작할 때만 어렵지 여러 번 반복해서 루틴이 되면 힘들지도 않고 의식하지 않아도 된다. 어떤 행동을 계속하는 것이 좋은 것인지 나쁜 것인지는 대개 당사자가 안다. 알고 있으면서도 나쁜 행동을 멈추지 못하고 좋은 행동을 계속하지 못하는 것이 문제다. 0.99의 300제곱을 기억하면 도움이 될 것이다.

아침에 일어나서 체조를 하는 습관, 메모하는 습관, 책상 위를 정리하는 습관, 마주치는 사람에게 먼저 인사를 하는 습관, 별일이 없어도 친구에게 연락해서 안부를 묻는 습관, 약속 시간에 항상 5분 먼저 도착하는 습관, 일기를 쓰는 습관 등등, 갖춰 두면 좋은 습관은 셀 수 없이 많다. 그 모든 습관을 한꺼번에 내 것으로 만들 수는 없다. 생각날 때, 필요할 때 하나씩 만들어 가면 된다.

좋지 않은 습관도 생각날 때, 안 되겠다 싶을 때, 하나씩 버리면 된다. 꾸준히 반복하다 보면 나중에는 의식하거나 계획하지 않아도 자기 것이 되기도 하고 버릴 수도 있다. 나쁜 습관을 가진 것에 대해 "난 원래 그래. 어쩔 수 없어."라는 식의 태도를 보이는 사람이 있다. 스스로에게 매우 무책임한 처사다. 손가락을 빨던 갓난아기 시절의 습관을 두고 "난 원래 그래."라면서 계속 손가락을 빠는 사람은 없다.

그래서 하나하나, 하루하루 고쳐 나간다는 마음가짐이 중요하다. 영어로 Ritual(리추얼)이라고 하는 '의식(儀式)'의 도움을 받는 것도 좋은 방법이다. 요즘은 많이 줄었지만 아침에 출근할 때 넥타이를 매는 것은, 이제부터 나는 일하러 간다는 신호를 스스로에게 보내는 것이다. 퇴근 후 집에 돌아와서 제일 먼저 손발을 씻는 것은, 청결도 청결이지만 이제부터 일에서 해방되어 온전히 나만의 시간을 갖고 일로 인한 스트레스를 받지 않겠다는 신호를 보내는 것이다. 책상 위를 정리하기 전에 손뼉을 한번 치고 시작하는 것처럼 아주 간단한 의식들이, 내가 나를 위해 좋은 일을 시작한다는 신호를 보내면서 마음을 다잡아주기도

한다. 그런 작은 일들이 모두 꾸준히 스스로를 돕는
방법에 해당한다.

자신을 꾸준히 돕기 2 - 통제감을 잃지 않기

또 스스로에게 선물을 주는 것도 도움이 된다.

어떤 일을 해냈을 때, 사소한 일이라도 스스로를 칭
찬하면서 작은 선물을 주거나 휴식시간을 갖고 맛있
는 음식을 먹는 것이다. 의욕을 불러일으키고 긍정적
인 마음을 갖게 하면서 정신건강에도 좋다. 긍정적인
일을 해냈을 때 그 일로부터 곧바로 행복감을 느끼기
어렵다면, 선물이라는 하나의 경로를 거쳐 행복감을
느끼도록 해서 우리 뇌의 회로를 강화하는 것이다. 일
종의 뇌 훈련을 통해 좋은 일, 필요한 일, 나를 성장시
키는 일을 더 열심히 할 수 있도록 스스로를 돕는 것
이다.

그렇지만 긍정적인 일 자체보다 보상이나 선물에만
지나치게 사로잡히면, 일을 할 때의 행복감은 줄고 고
통은 크게 느껴질 수 있으니까 조심해야 한다. 또 '습

관의 노예'라는 말이 있는 것처럼 좋은 습관이라도 그것에 지나치게 사로잡혀서 벗어나지 못하면 문제가 될 수 있다. 습관이 타성(惰性)으로 바뀌는 것을 경계해야 한다. 책상 위를 잘 정돈하는 것은 좋은 습관이지만, 어질러진 남의 책상을 정리하는 것은 도를 넘는 강박이다. 일을 꼼꼼하게 챙기는 것은 대체로 좋은 습관인데, 시한이 있는 일을 너무 꼼꼼하게 챙기느라 시한을 넘긴다면 습관의 노예가 되는 것이다. 아무리 좋은 습관이라도 통제감을 잃으면 타성이 되고, 타성은 자신도 모르는 사이에 뒤를 덮치거나 결정적인 순간에 배신을 한다.

다시 말해서 좋은 습관을 들이되, 그 습관에 대해서 통제감을 잃지 말라는 얘기다. 조직에서도 통제감은 중요하다. 각 개인들에게 보다 큰 통제감을 주면서도 전체적인 방향을 잃지 않는 조직이 좋은 조직이라고 할 수 있다. 훌륭한 스승은 하나하나 가르치는 것이 아니라 제자가 스스로 생각하고 자연스레 깨우치게 한다. 통제감을 이용하는 것이다. 하고 싶은 일만 하고 살 수는 없으니, 하고 싶지 않더라도 할 일과 하지 않을 일을 정하거나 일을 하는 순서와 시한, 방법이라도 정할 수 있어야 한다.

땅콩박사로 유명한 흑인 노예 출신 과학자 조지 워싱턴 카버(George Washington Carver)는 "실패의 99퍼센트는 변명하는 습관을 가진 사람으로부터 나온다."는 명언을 남겼다. 통제감을 갖지 못하면 변명을 하게 된다. 변명하는 습관을 버리기 위해서는 스스로 만들어서라도 통제감을 가져야 한다. 자기가 정할 수 있는 것이 아무것도 없다고 느껴질 때도 찾으면 방법이 있다. 일을 작은 단위로 쪼개서 그 각각을 끝내는 시한을 분 단위로 계획할 수 있다. 일을 하는 책상, 도구, 조명 등 환경의 작은 부분이라도 스스로 고르고 정할 수 있다. 그래야 더 행복하게 일할 수 있다. 더 잘할 수 있고, 스트레스가 적게, 더 지속 가능하게 일할 수 있다.

자신을 꾸준히 돕기 3 - 변명하지 않기

'천상천하 유아독존'의 자세와 정반대가 바로 변명이다. 내가 스스로 하지 않고 남이 해주거나 저절로 되어 있기를 바라고, 그렇지 않으면 상황 탓을 하거나 남

102

탓을 하는 것이 변명이다. 변명하는 사람은 99퍼센트의 잘못을 저질러 놓고도 모면할 수 있는 1퍼센트의 기회를 놓치면 남 탓을 한다. 일을 못하더라도 배우면서 점점 나아지는 사람이 있는 반면, 전혀 나아지지 않으면서 주변에 나쁜 기운까지 퍼뜨리는 사람도 있다. 책임을 회피하고 변명하는 사람이다. 그런 사람은 웬만하면 피하는 것이 상책이다.

어느 축구 해설자에게서 일류 선수와 삼류 선수의 차이에 대해 들은 적이 있다. 공격할 때 공격만 생각하고 수비할 때 수비만 생각하면 삼류 선수이고, 공격할 때 수비를 생각하고 수비할 때 공격을 생각해야 일류 선수라고 한다. 닥친 상황에서 몸을 움직이는 것은 평소의 훈련으로 몸에 익힌 대로 나오지만, 공수의 전환이나 기습 상황이 발생할 때를 대비해서 동료들과 상대 선수들의 배치를 파악하고 어떻게 움직일지 미리 생각해 두어야 한 박자 빠른 대응이 가능하다는 것이다.

생각이라는 자원은 에너지가 많이 들어가고 사람마다 그 절대적인 양에 큰 차이가 없다. 그런데 생각과 습관을 결합시키는 방식이 일류와 삼류를 만든다. 삼

103

류 선수는 생각하면서 그 생각대로 몸을 움직이고, 일류 선수는 마치 생각하지 않는 것처럼 움직인다. 당장의 일은 이미 몸에 익어 있는 습관을 따르고, 생각은 다음에 할 일을 위해 쓰는 것이다.

일을 할 때는 이미 몸에 익고 머리에 들어 있는 것을 즐겁게 풀어내야 한다. 힘들여서 억지로 쥐어짜내는 것이 아니라, 마치 아무 생각 없이 흘러나오는 것처럼 일하는 것이다. 일이 없을 때는 일에 필요한 정보, 지식, 기술, 네트워크, 체력을 차곡차곡 쌓아 두어야 한다. 놀듯이, 게임하듯이, 즐겁게 탐색하면서 축적하는 것이다. 일을 잘하는 사람은 그래서 일을 할 때나 하지 않을 때나 항상 자연스럽고 즐거워 보인다. 억지스럽지 않다. 그것을 가능하게 하는 것이 좋은 습관이다. 반복적인 노력을 통해 좋은 습관을 몸에 익히는 한편, 몸에 익은 습관에 대해서도 통제감을 잃지 않는다. 그것이 바로 꾸준히 스스로를 돕는 것이다.

지금까지의 내용을 정리하자면, 직장에서 살아남고 발전하기 위해서는 제일 먼저 자기 자신을 사랑하고 귀하게 여겨야 한다. 제일 중요한 것이 바로 자기 자신이기 때문이다. 또 진정한 자부심을 갖고, 남이 아닌 내가 나를 움직여야 한다. 이를 위해 잊지 말아야 할 것이, 나를 괴롭히지 말고, 나를 업신여기지 말고, 꾸준히 스스로를 도울 수 있는 습관을 만드는 것이다. 그것이 바로 '천상천하 유아독존'이다.

3. 남과 함께

_ 역지사지

"그의 관점에서 세상 일을 바라보지 않으면,
그의 피부 속으로 들어가 그 안을 돌아다니지 않는다면,
그 사람을 정말로 이해한다고 할 수 없어."

_ 하퍼 리, 《앵무새 죽이기》 중에서

　이제 남에 대해 얘기할 차례다. 타인이나 이웃 또는 상대방이라고 해도 좋다. 나 아닌 다른 사람과 어떤 관계를 맺을까 하는 것이다.

　성격이 내향적이어서 다른 사람들과 금방 친해지는 타입이 아니라면, 관계를 통해 일을 풀어 가는 것보다 자기 스스로 역량을 키우는 것을 더 중요하게 생각할 수 있다. 그렇지만 누구든 혼자 일하는 경우는 없다. 직장생활에서 다른 사람과 맺는 관계는 매우 중요하다. 어떤 사람들은 다른 사람을 만나는 것을 통해 스트레스를 풀고 에너지를 얻는데, 그 반대인 사람들은 사람을 만나는 것이 에너지를 많이 소모하고 스트레스를 준다.

　성향에 따라서 관계를 맺는 방식은 달라져야 하겠

지만, 아예 관계를 맺지 않을 수는 없다. 취미로 하는 일도 재료와 도구를 남에게 사야 하고, 프리랜서도 작업 결과를 다른 사람에게 보내야 한다. 남의 능력을 잘 활용하는 것은 누구에게나 필요하다.

겸손하다는 것

남의 능력을 잘 활용한다는 것은 무엇일까? 부탁을 잘한다는 뜻일까? 그것도 있지만 어떤 사람들은 굳이 부탁하지 않아도 주위에서 잘 협력하고 도와주는 것처럼 보인다.

축구 경기를 보면 유독 동료들의 도움을 잘 받아서 골을 많이 넣는 선수가 있다. 많이 움직이거나 볼을 달라고 소리치지도 않고 어슬렁거리는 것 같은데, 발을 툭 갖다대기만 해도 골을 넣을 수 있도록 패스가 들어온다. 골을 넣은 후에는 도움을 준 동료와 함께 세리머니를 한다. 평소 축구 경기를 자주 보지 않는 사람의 눈에는 운이 좋아서 골을 넣은 것처럼 보이지만, 축구를 자주 보는 사람들은 골을 넣은 선수가 매우 대단한 능력자라는 것을 안다. 도움을 준 선수의 입장에서는 도움을 받을 위치에 미리 가 있고, 골을 넣을 거라는 믿음이 있기 때문에 도움을 주는 것이다. 일을 할 때도 그런 도움을 많이 받을 수 있는 사람은 훨씬 유리하다. 그것은 운이 아니라 실력이다. 거저 얻어지는 것이 아니라 남과의 관계를 잘 만들고 가꾸었을 때 가능하다.

남과의 관계에서 중요한 것은 우선 '겸손'이다. 겸손은 남을 존중하고 자신을 내세우지 않는 태도다. 남을 업신여기거나 오만방자하게 굴지 않는다. 자신이 더 우위에 있음을 드러내는 것이 일시적으로 기분 좋은 일일 수는 있다. 그러나 함께 모여 사는 사람들이 모두 그런 태도를 가지면 얼마나 불편하고 많은 문제를 만들지 안다. 그래서 남은 깎아내리고 자신은 더 드러내려는 사람, 즉 겸손하지 않은 사람을 우리는 본능적으로 싫어한다.

겸손하다는 것은 자존감이 낮은 것과는 전혀 다르다. 오히려 자존감이 뒷받침되어야 겸손해질 수 있다. 자신에 대한 믿음이 부족하고 마음이 불안하기 때문에 더 자신을 드러내려 하고 오만방자하게 행동한다. 남을 통해 자신의 가치를 확인받으려는 심리다. 남들 앞에 서는 것이 불안해서 자신을 감추고 낮추는 것은 겸손이 아니다. 자신감이 부족한 것뿐이다.

겸손하다는 것은 고도의 사회성을 드러내는 것이다. 관계를 통해 능숙하게 일을 풀어 나가는 것과 별개로, 스스로 역량이 높으면서 겸손한 태도를 갖고 있다면 이미 사회성이 높은 것이다. 겸손은 물과 같다. 물은 낮은 곳으로 흐르지만 대부분의 물질을 녹일 수 있다. 그래서 생명의 원천이 되고 가장 강력한 힘을 발휘한다.

문화인류학자 마빈 해리스(Marvin Harris)가 쓴《문화의 수수께끼(Cows, Pigs, Wars and Witches: The Riddles of Culture)》라는 책을 보면 칼라하리사막 주변에 살고 있는 부시먼족 얘기가 나온다. 1년 이상 그들과 함께 살던 한 교수가 커다란 소를 사서 크리스마스 선물로 주었다. 그들은 한결같이 "그 짐승은 변변찮은 거요. 우리는 그걸 잡아먹긴 하겠지만 배탈이나 나지 않을지 모르겠소."라는 식으로 얘기했다. 나중에 그 교수가 한 원로에게 "아니 그 정도면 살찐 소고기를 당신들은 아주 맛있게 먹지 않았느냐?"고 항의하듯 물었다.

그랬더니 "물론 우리는 아주 좋은 고기였다는 것은 알고 있소. 그런데 한 젊은이가 많은 사냥감을 잡으면 마치 자신을 대인이나 추장이라고 생각하고 나머지 사람들은 마치 자기 종이나 자기보다 못한 사람이라고 생각하게 되지요. 우리는 이 점을 인정할 수 없고, 자랑하고 다니는 놈들을 거부합니다. 자만심 때문에 언젠가 그가 누군가를 죽일 수 있으니까요. 그래서 항상 그가 잡아 온 고기가 별 쓸모없다고 하지요. 그래야만 그가 겸손해지니까요."라고 말했다.

자만심은 자신과 이웃을 해칠 수 있고, 겸손이 서로를 끈끈하게 이어준다. 그래서 누군가 오만해질 가능성이 있으면 일부러 폄하해서라도 그 가능성을 차단한다. J는 우리 인류의 원형과 많이 닮았을 원시사회에서 그런 지혜를 가지고 있다는 것을 인정하면서도, 그런 평등적인 사고방식 때문에 문명을 더 발전시키지 못한 것은 아닐까 하는 문제를 제기했다. 그 답을 마빈 해리스가 제공하고 있다. 부시먼 에피소드를 소개한 부분 바로 뒤에 자본주의 초기의 유럽에 대한 얘기가 나온다.

"처음에는 가장 많은 부를 소유하면서도 가장 검소한 생활을 하는 사람에게 최고의 명예가 주어졌다. 그런데 차츰 상류 계급 사람들이 무절제한 소비를 해서 경쟁자들의 기를 꺾으니까 중하류 계급은 가장 열심히 일하고 가장 검소한 사람에게 최고의 명예를 올리고, 무절제하게 소비하는 모든 낭비 형태에 냉엄하게 저항했다. 그러다가 차츰 소비시장이 확대되자 중하류 계급도 검소한 습관을 버리고 돈을 가장 잘 쓰는 것을 명예로 여기기 시작하게 되었다. 그러나 최고의 명예는 많이 소유하지만 가장 적게 과시하는 자들에게 주어졌고, 무절제한 소비는 위험한 행위로 간주되었다."

아무리 생산력이 발전하고 과거에 비해 훨씬 많은 소유와 소비의 추구가 가능해진 상황에서도 그것을 지나치게 과시하는 것은 끝까지 용납하지 않았던 것이다. 겸손을 장려한다고 해서 문명이 발전하지 않았거나 문명이 발전했다고 해서 겸손을 터부시한다는 증거는 찾기 어렵다.

얀테의 법칙 - 당신은 특별하지 않다

'얀테의 법칙(Janteloven)'이라는 것이 있다. 북유럽 사람들에게 일종의 금언 같은 것이다. 악셀 산데모세(Aksel Sandemose)의 1933년 소설 《도망자, 지나온 발자취를 다시 밟다(En flyktning krysser sitt spor)》에서 얀테라는 가상의 마을 사람들의 십계명으로 처음 등장했는데, 북유럽 사람들이 갖고 있는 기질을 잘 표현해서 유명해졌다고 한다. 내용은 이렇다.

첫째, 당신이 특별하다고 생각하지 마라.

둘째, 당신이 다른 사람들처럼 선하다고 생각하지 마라.

셋째, 당신이 다른 사람들보다 똑똑하다고 생각하지 마라.

넷째, 당신이 다른 사람들보다 더 낫다고 확신하지 마라.

다섯째, 당신이 다른 사람들보다 더 많이 안다고 생각하지 마라.

여섯째, 당신이 다른 사람들보다 더 중요하다고 생각하지 마라.

일곱째, 당신이 뭔가를 잘한다고 생각하지 마라.

여덟째, 다른 사람들을 비웃지 마라.

아홉째, 누구든 당신에게 관심을 갖는다고 생각하지 마라.

열째, 다른 사람들을 가르칠 수 있다고 생각하지 마라.

함부로 나대지 말라고 협박하는 것처럼 들린다.

만약 고등학교 졸업식에서 이런 축사를 들었다면 기분이 어떻겠는가?

> "이곳은 정말이지 평평하기 이를 데 없는 운동장이군요. 이게 의미심장합니다. 우리한테 뭔가를 말해주니까요. 그리고 여러분의 졸업식 복장, 개성 없고 획일적이고, 누구에게나 같은 사이즈의 복장도 마찬가지입니다. 남학생이든 여학생이든 키가 크든 작든 공부벌레든, 농땡이든, 춤에 빠진 날라리 여학생이든, 초절정 게임 고수든, 여러분도 아시겠지만 모두 똑같은 차림입니다. 그리고 여러분의 졸업장도 이름만 빼고 죄다 똑같습니다. 뭐 그럴 수밖에요. 여러분은 아무도 특별하지 않으니까요."

2012년 6월 데이비드 매컬로 주니어(David McCullough Jr.)라는 영어교사가 매사추세츠주 웰즐리고등학교의 졸업식에서 한 축사 내용이다. 이 강연 동영상을 보고 졸업생들의 미래를 축하해야 할 마당에 과한 어깃장을 놓았다는 비판이 나왔다. 한편 과잉보호로 삐뚤어지고 자기도취에 빠진 젊은 세대에게 드디어 진실을 말해주었다는 찬사도 나왔다.

《우리는 미래에 조금 먼저 도착했습니다(The Nordic Theory of Everything; In Search of a Better Life)》라는 책을 쓴 핀란드 출신 아누 파르타넨(Anu Partanen)은 이 축사를 듣고, "저 양반, 딱 핀란드 사람이네."라고 생각했단다. 북유럽에서는 개인의 자유와 자율성이 매우 존중되지만, 누구도 특별하다고는 여기지 않고 특별해지기를 기대하지도 않는다는 것이다.

북유럽은 세계에서 가장 소득 수준이 높고 민주주의가 발달한 나라들로 생각되는데, 이런 문화가 있다는 것이 아주 의외다. 영국 출신 마이클 부스(Michael Booth)가 쓴 《거의 완벽에 가까운 사람들; 미친 듯이 웃긴 북유럽 탐방기(The Almost Nearly Perfect People)》에도 '얀테의 법칙'이 자세히 소개되어 있다. 악셀 산데모세의 고향 뉘쾨빙(Nykøbing)에 가보면 가게 이름들이 이렇다고 한다. 미용실 이름은 거두절미하고 '헤어', 술집 이름은 '더 펍'이고, 옷과 신발을 파는 가게는 '옷과 신발'이라서 그나마 현란한 편이고, 서점은 '서적상'이라고 한다. 그런 이웃 가게들의 자기 홍보가 뻔뻔하다고 생각한 다른 가게의 이름은 '16번지', 또 다른 가게는 그냥 '가게'란다. 아주 특별하게 튀는 이름이 하나 있는데, 그것은 주인의 성을 대담하게 내건 '베티나의 신발'이라니 해도 너무하다는 생각이 든다.

현지의 한 교수는 '얀테의 법칙'을 전통적 소작농의 태도로 설명하면서 "서로 자랑하고 비교하기보다는 포용하는 것이 중요한데, 누군가를 포용하고 싶어도 그 사람이 동등한 존재일 때만 가능하다. 누군가 더 지배적 위치에 서기 시작하면 놀림감이 되거나 비웃음을 당하거나 무리에서 배척당한다. 이를 '반(反)우월 전략'이라고 하는데, 그렇게 해서 더 평등한 사회를 유지하는 것"이라고 설명했다. 이를 들은 J는 "우리는 소작농들이 아니잖아요? 회사에서는 모든 사람이 평등한 것이 아니라 계급과 역할이 있고, 누구나 더 능력 있고 뛰어나 보이려고 애쓰는 곳이 아닌가요?"라고 했다. 자기라면 도저히 그렇게 살 수 없고, 그렇게 살아서도 안 될 것 같다면서.

현대 조직에서는 능력을 발휘하고 성과를 내는 사람이 인정받는 것이 당연하다고 여겨진다. 물론 북유럽 사람들도 평등만 지향하거나 성과에 대한 인정 시스템이 없지는 않을 것이다. 우리에게는 두 가지 지

116

향이 공존한다. '최적 독특성 이론(Optimal Distinctiveness Theory)'에 의하면, 사람들은 소속감을 느끼길 원하면서 동시에 자기의 고유성을 인정받길 원한다고 한다. 내가 남들과 다르고 무언가 더 뛰어나다는 것을 인정받길 원하지만, 또 한편으로는 모두가 평등하고 하나되는 가운데 나도 그 안에 편안히 자리잡기를 원하는 것이다.

그렇지만 점점 더 절반의 본성만 눈에 띄는 것 같다. 각자가 더 뛰어나기 위해 애쓰는 것까지는 그렇다 치더라도, 더 드러내고 더 인정받으려는 경쟁이 끝이 없다. 심지어 가진 것을 과시하고 뽐내는 것을 멋있다면서 부추기는 현상도 있다. 소위 '플렉스'라고 해서 자동차나 보석 장신구를 자랑하고, 돈을 뿌리고, 백화점이나 호텔에서 거액의 돈을 쓰는 모습을 SNS에 올리면 '좋아요'가 쏟아진다.

J는 '얀테의 법칙' 같은 사회적 압력 때문에 개성을 드러내지 못하는 것에 대한 반작용이라고 추측했다. 뭔가 '자기다움'을 드러내고 싶은데 못하게 막으니까 물질적 소비와 과시라는 이상한 방향으로 새어 나왔을 거라는 얘기다. 자랑을 하는 것 자체가 마치 박수 받을

일인 것처럼 행동하는 사람들이 있는데, 그런 사람들을 보면 겸손의 가치에 대해 혼란스러운 마음이 든다고 했다.

과거에는 동서고금을 막론하고 겸손이 높게 평가받았다. 여기에는 분명 이유가 있을 것이다. 중국의 순자(荀子)는 "아무리 날카로운 무기라도 예의 바르고 겸손한 태도만큼 이익이 되는 것은 없다."고 했다. 《주역(周易)》에는 64괘 중에 겸괘(謙卦)라는 것이 있는데, "하늘의 도(道)는 오만을 일그러뜨려 겸손한 자를 보태주고, 땅의 도는 오만을 변화시켜 겸손으로 흐르게 하며, 귀신은 오만을 해치고 겸손한 자에게 복을 주고, 사람은 오만을 싫어하고 겸손한 자를 좋아한다."는 내용이다. 《성경》에도 겸손에 대한 말이 많이 나온다. 〈잠언 29장〉 23절에서는, "사람이 교만하면 낮아지게 될 것이나, 마음이 겸손하면 영예를 얻으리라."고 나온다. 불경이든, 코란이든, 이와 비슷한 말을 찾아보면 아마 끝도 없이 나올 것이다.

아프리카의 부시먼이나 북유럽 사람들이 특별해서가 아니라 인류 집단 모두가 오만에 대해 제재를 가하고 겸손을 장려하는 사회적 시스템을 오랫동안 발전시켜 왔다고 볼 수 있다. 아무래도 그렇게 해야 사람들이 결속하고 집단의 힘을 이뤄낼 수 있었을 것이다. 장애물 달리기로 비유를 하자면 겸손한 사람에게는 장애물을 낮춰주고 겸손치 못하면 장애물을 높였을 것이다.

아무리 능력이 좋고 뛰어난 사람이라도 그것을 과시하거나 다른 사람을 무시하는 태도를 보이면 암암리에 적과 장애물이 생겨나기 마련이다. 그런 사람을 진심으로 돕고 싶은 마음이 들지 않는다. 혼자 일하는 것이 아닌 이상 그것은 엄청난 핸디캡이다. 빨리 달리는 능력과 별개로 더 높은 장애물을 뛰어넘어야 하는 것이다. 외부의 장애를 피하고 지원을 더 얻어내는 효과 때문이라면, 겸손은 결국 자기 이익을 위한 처세술밖에 되지 않을 것이다. 그런데 더 중요한 것은 겸손이 이웃과의 관계 속에서 내 능력을 키우고 확장할 수 있게 해준다는 것이다.

경영학자 윤석철 교수는 《경영학의 진리체계》라는 책에서, "경영의 기본은 '낮은 곳으로 임하라'는 종교적인 가르침과 같다. 고층 건물 속의 호화로운 사무실, 고급승용차의 검은 유리창 속에서 가진 자의 오만 속에 사는 사람은, 일반 소비대중의 필요, 아픔, 정서를 느끼기는 어려울 것이다. 고객이 존재하는 현장에서 그들과 직접 접촉하는 가운데 경영자의 감수성이 형성된다. 고객이 진정으로 원하는 것을 알아내고 그것을 충족시키기 위해서 노력하는 것이 바로 사업 성공의 비결이고 핵심"이라고 했다. 한마디로 경영자들이 스스로를 낮추고 겸손해져야 사업을 둘러싼 이해관계자들을 더 잘 살피고, 더 잘 알 수 있고, 그래야 사업을 성공시킬 수 있다는 것이다. 정말 겸손한 사람은 내향적이건, 외향적이건 주변을 더 잘 살피고, 다른 사람들의 니즈에 더욱 민감할 것이다. 문제를 아는 만큼 더 빨리 더 나은 해결책을 찾을 수 있을 테니, 겸손은 사업 성공의 비결이기도 하다.

탐색과 활용

경영전략 분야에 '탐색과 활용(Explore and Exploit)'이라는 개념이 있다. 간단히 말해서 '탐색'은 경영에 필요한 역량과 자원을 늘리기 위해 학습과 새로운 시도를 하는 것이고, '활용'은 이미 가진 역량과 자원을 통해 효율적으로 성과를 내는 데 더 관심을 갖는 것이다. 그 두 가지가 적절히 조화를 이루어야 성공적인 기업 경영이 가능해진다. 그 비중은 산업마다, 기업마다 다르겠지만 어느 한 쪽에만 치우치면 지속가능한 경영을 할 수 없다. 탐색에만 치우치면 당장의 성과를 내기 어려워서 나중에는 더 이상 탐색에 필요한 자원도 마련하지 못하게 된다. 활용에만 치우치면 당장의 성과는 낼 수 있을지 몰라도 미래의 환경 변화에 대처할 수 없다. 따뜻한 냄비 안의 개구리처럼 서서히 죽게 된다.

다른 사람들과 관계를 맺는 방식도 성향을 떠나서 탐색과 활용의 두 가지로 나눌 수 있다. 그리고 그 두 가지의 균형이 중요하다. 사람 사이의 관계에서 탐색은 어떤 의미이고, 활용은 어떤 의미일까?

'탐색'은 관계를 넓히고 더 탐구해서 더 많이 알고자 하는 것이다. 상대방과 나의 관계가 건강하고 상호 이익이 되려면 상대방을 잘 알고 이해해야 가능하다. 그 사람의 생각뿐 아니라 입장, 처해 있는 상황까지 알고 이해하면 윈 - 윈 하는 관계를 만들 수 있다.

'활용'은 현재 상태를 잘 이용한다는 의미에서 조금 더 나가면, 부당하게 이용하고 착취한다는 의미도 들어 있다. 사람과의 관계에서 상호 이익을 도모하는 것을 나쁘다고 할 수는 없다. 그러나 상대방을 부당하게 이용하고 착취하는 것은 나쁜 일이다. 당연히 해서는 안 되는 일이다.

싹싹하고 누구를 만나든 금방 친해지는 능력은 일시적으로 편리할 수 있지만, 더 중요한 것은 상대방을 이해하고 공감하는 능력이다. 그런 이해와 공감을 통해 상대방을 포용하고 연대를 이루어 나가는 것이 바로 우리 호모 사피엔스가 지구라는 행성에서 성공한 비결인지도 모른다. 우리는 누군가 다른 존재의 고통을 보고 자기의 고통처럼 느낄 수 있는 거의 유일한 종이다. 그런 능력을 한자로는 '역지사지'라고 하고, 영어에서는 'put yourself in someone else's shoes'라는 관용구로 표현한다.

자기가 하기 싫은 일을 남에게도 행하지 마라

역지사지는 원래 《맹자(孟子)》의 〈이루편(離婁編)〉에 나오는 '역지즉개연(易地則皆然)'에서 유래된 말인데, '처지를 바꾸어 놓아도 모두 그렇게 하였을 것'이라는 뜻이다. 자기 입장에서 보면 상대의 생각과 행동이 이해되지 않을 수 있지만, 입장을 바꿔보면 공감하고 이해할 수 있다는 말이다.

한편 용서한다는 뜻의 한자 '서(恕)'자는, 같을 '여(如)'자 밑에 마음 '심(心)'자를 붙여서 쓴다. 같은 입장에서 마음을 쓰면 용서하게 되고, 그래서 세상에는 용서하지 못할 것이 없다는 뜻이다. 제자 자공(子貢)이 죽을 때까지 행해야 할 덕목을 딱 한 가지만 가르쳐 달라고 물었을 때, 공자는 그 '서(恕)'자를 들면서, "자기가 하기 싫은 일을 남에게도 행하지 말라."고 했다. 그것을 서양에서는 '황금률(Golden Rule)'이라고 한다. 동양이나 서양이나 같은 얘기를 하고 있다. 문화권에 상관없이 인간에게 가장 보편적이고 중요한 덕목이기 때문일 것이다.

역지사지는 상대방의 입장에서 생각하고 그 입장이 되어보라는 것이지, 그 생각과 행동을 무조건 옹호하라는 것은 아니다. 분명히 잘못된 생각과 잘못된 행동도 있다. 그렇지만 상대방의 입장이 되어보면 그 생각과 행동의 이유를 좀 더 알 수 있고, 옹호를 하거나 비판을 하더라도 근거를 가지고 제대로 할 수 있다. 상대방을 이용하거나 굴복시키려 할 때도 도움이 된다. '역지사지'는 곧 '지피지기 백전불태(知彼知己 百戰不殆)'로 연결된다.

상대방의 입장이 되어 본다는 것은 무슨 뜻일까? 상대방의 생각과 의도, 그리고 원하는 것이 무엇인지 정확하게 알아야 한다는 것일까? 얼핏 생각하면 쉬운 것 같아도 마냥 쉽지는 않다. 상대방을 대하는 방법도 나를 대하는 것처럼 세 가지로 나눌 수 있다. 첫째, 함부로 틀렸다고 하지 말고, 둘째, 현재 모습으로만 판단하지 말고, 셋째, 상대방이 진정으로 원하는 것을 알아보는 능력을 키운다.

'함부로 틀렸다고 하지 말라.'는 것은, 남이 나와 다름을 인정하라는 말이다. 나와 달라도 틀리지 않을 수 있다. 어떤 회사에서 재무 담당자가 광고 비용을 분석해보니까 경쟁사에 비해 매출 대비 광고 비용의 비중이 지나치게 높다는 것을 발견했다. 그래서 광고 비용 일부를 감축해야 한다는 보고서를 썼다. 그런데 같은 회사의 마케팅 담당자는 최근 신제품 출시 상황을 점검하면서 집중적인 광고비 지출이 필요하다고 판단했다.

두 사람의 의견이 판이하게 다른데, 그럼 어느 한 쪽 의견이 틀린 것일까? 재무 담당자가 보기에는 마케팅 담당자가 틀렸고, 마케팅 담당자가 보기에는 재무 담당자가 틀렸을 것이다. 사실은 둘 다 맞을 수도 있고, 둘 다 틀렸을 수도 있으며, 둘 다 일부는 맞고 일부는 틀렸을지도 모른다. 둘의 의견이 다르다는 것이 어느 한 쪽이 맞고 어느 한 쪽은 틀렸다는 것을 말하는 것은 아니다.

사람들은 대개 자기를 중심으로 생각하니까 자기 생각과 다른 것을 보면 틀린 것처럼 여긴다. 또 어떤 사람들은 자기 생각과 다른 것을 보면 자기가 틀리지 않았나 지레 불안해하는 경우도 있다. 두 경우의 공통점은, 서로 다른 것에는 맞는 것과 틀린 것이 있다고 생각하는 것이다. 옳고 그름이나 맞고 틀림의 기준을 모르면서 어느 한 쪽을 기준으로 삼아버린다.

광고비 지출에 대해 서로 다른 의견을 가졌던 재무 담당자와 마케팅 담당자 모두 회사의 이익이 더 커지기를 바라는 같은 생각을 가졌을 것이다. 광고비가 더 효율적으로 쓰이길 바라는 마음도 같을 것이다. 그럴

다면 많은 부분 같은 생각을 하고 있고, 일부 생각이 서로 다른 것이다. 같은 생각에서는 당장 더 배울 것이 없지만, 다른 생각에서는 서로 확인하고 더 배울 것이 있다.

　재무 담당자의 의견이 그저 광고비 비중이 경쟁사보다 높다는 현상만을 지적한 것이 아니라, 그 배경에 투자가들이 회사의 비용 집행 효율성에 대해 지속적으로 문제 제기를 해 온 상황을 전달하려는 것일 수 있다. 마케팅 담당자의 의견은 신제품 출시가 높은 광고비의 직접적인 이유지만, 유통채널에 마진을 낮게 책정하고 대신 소비자들에게 직접 어필한다는 마케팅 전략이 배경에 깔려 있을 수 있다. 두 당사자는 상대방의 의견에 대해 아주 좁은 관점에서 바라보았다. 그 관점에서는 자기가 옳고 상대방이 그른 것처럼 보인다.

　그런데 상대방의 입장을 충분히 알고 이해하면 자기도 옳고 상대방도 옳다는 것을 깨닫게 된다. 그러면 둘의 의견을 통합하거나 절충할 방법을 찾을 수 있다. 예를 들면, 마케팅 조직에서 신제품이 아닌 기존 제품에 대한 광고비를 더 절감하는 대신 재무 조직이 투자가들의 문제 제기에 대응할 수 있는 논리를 개발해줄 수도 있을 것이다.

서로 다름에는 나름의 이유가 있다. 어떤 기준이나 배경, 맥락에서 나온 것인지 파악해야 한다. 그렇지 않으면 다름에서 얻을 수 있는 배움의 기회를 놓치게 된다.

크로노 - 신클래스틱 인펀디뷸럼과 화쟁

"한 아이의 아빠가 지구에서 살았던 사람 중 가장 똑똑한 사람이고, 알아내야 할 모든 것을 알고 있으며, 모든 것에 관해 정확한데다 모든 것에 관해 정확하다는 걸 증명까지 할 수 있다고 상상해보자. 그다음, 백만 광년 떨어진 다른 별에 사는 다른 아이가 있는데, 그 아이의 아빠 또한 그 멀고도 멋진 세상에 살았던 사람 중 가장 똑똑한 사람이라고 상상해보자. 두 아빠가 모두 각자의 세계에서 똑똑하고 옳은 것이다. 그런데 그 두 아빠가 만난다면 어떻게 될까? 두 사람은 중력, 빛의 세기, 대기 구성과 기압 등 각자 살아온 세계의 모든 조건이 다르니까 서로 금방 이해하고 친해지게 되기는 쉽지 않을 것이다. 만나자마자 물리적인 싸움을 하지는 않는다 해도 끔찍한 말다

127

툼이 벌어질 것이다. 어떤 문제에도 의견이 같지 않을 것이다. 그럼 지구에 사는 우리는 지구의 아빠가 옳고 다른 별 아이의 아빠는 틀렸다고 말하게 될 것이다."

미국 작가 커트 보니것(Kurt Vonnegut)의 소설 《타이탄의 세이렌(The Sirens of Titan)》에 나오는 말이다. 이어지는 내용은 이렇다.

"우주는 지독히도 커다란 장소랍니다. 이런저런 문제들에 관해 서로 다른 옳은 의견을 가진 사람이 지독히도 많을 수 있을 만큼 넓은 공간이지요. 두 아빠가 모두 옳으면서도 끔찍한 싸움을 벌일 수 있는 이유는 옳은 방식이 너무도 다양하고 많기 때문이에요. 하지만 우주에는 아빠들이 마침내 다른 아빠가 하는 말을 이해할 수 있는 공간이 있답니다. 모든 다양한 진실이 아빠의 태양력 손목시계 부품처럼 멋지게 맞아들어 가는 곳이죠. 우린 이런 공간을 크로노-신클래스틱 인펀더블럼이라고 불러요. (중략) 크로노-신클래스틱 인펀더블럼의 '크로노'는 시간을 의미해요. '신클래스틱'은 오렌지 껍질처럼 모든 방향에서 같은 면을 향해 휘어져 있다는 뜻이고요. '인펀더블럼'은 율리우스 카이사르나 네로 같은 고대 로마인들이 깔때기를 부를 때 쓴 말입니다. 깔때기가 무엇인지 모른다면 엄마한테 보여달라고 하세요."

마크 트웨인(Mark Twain) 이후 최고의 블랙유머를 구사한다는 평을 듣는 커트 보니것은 독일계 미국인이다. 2차대전에 참전했다가 포로가 되어 독일 드레스덴 포로수용소에 잡혀 있었다. 그때 연합군의 폭격으로 13만 명의 드레스덴 시민이 몰살당하는 엄청난 비극을 목격했다. 그런 비극적 경험을 배경으로 일종의 이상향을 반어법처럼 그려낸 것이다. 각자의 세계에서 옳은 다른 세계의 사람들이 서로를 이해할 수 있는 공간 크로노-신클래스틱 인펀디뷸럼은 어느 특정한 공간이 아니라 서로의 다름을 틀렸다고 보지 않고, 그 다름을 지금까지 알지 못했던 것을 알아갈 기회로 삼는 태도를 은유로 표현한 것이다.

원효대사가 살았던 7세기 신라에서 불교의 여러 이론들은 워낙 해석이 분분하고 상반되는 것도 많았다. 석가모니의 말씀은 수백 년이 지나는 동안 제자들, 그리고 제자의 제자들에 의해 기록되었고, 또 그것들이 중국을 거쳐 신라까지 이르는 동안 다시 수백 년이 흘

렀기 때문이다. 말한 사람과 기록한 사람, 그리고 해석한 사람들이 있었던 시간과 장소가 다르고 처한 상황과 맥락이 다 달라서 과연 어느 것이 원래의 말씀인지 아무도 알지 못하는 가운데 논쟁이 계속되었다.

원효대사가 이에 대해 궁극적인 해석의 방법으로 제시한 것이 '화쟁(和諍)'이다. 모든 언어적, 논리적 다툼을 부처님의 본래 뜻을 기준으로 해석하고 하나로 모으려는 시도였다. 화쟁에서 가장 중요한 것은, 나만 옳고 상대방은 틀렸다는 고집을 버리는 것이다. 내가 틀리거나 상대방도 옳을 수 있다는 여지를 두고, 모든 상황과 맥락을 전달할 수 없는 언어의 한계를 염두에 두고, 바로 그 상황과 맥락을 두루 고려해서 모두에게 이로운 통합된 결론을 찾으려고 노력하는 것이다.

자칫 모든 것은 상대적이고 절대적인 기준은 없는 것처럼 오해할 수도 있다. 당연히 그런 뜻은 아니다. 절대적인 기준은 아니더라도 합의를 해서 함께 살아가는 규칙으로 삼고, 그 합의에 대해 어느 정도까지는 의문을 제기하지 않는다. 합의되지 않은 것을 내 관점의 전제로 간주하고 내 관점에는 마치 아무런 사각지대가 없는 것처럼 여길 때 문제가 발생한다.

운전석이 아주 높고 사이드미러가 고장 난 트럭을 몰면서 앞 유리창만 보고 운전한다면 어떤 일이 벌어질까? 내가 보는 것이 전부가 아닐 수 있다는 것을 염두에 두어야 한다. 차선을 바꾸거나 출발, 정차를 할 때는 주변을 살피고 조심해서 운전해야 한다. 운전자의 사각지대인 앞 유리창 아래쪽에서 보행자가 성급히 길을 건널 준비를 하고 있을 수도 있다. 보행자는 운전자가 당연히 자기를 보고 있을 거라고 생각할 것이다.

　좀 극단적인 예를 든 것 같지만, 사람들은 운전자와 보행자처럼 서로 다른 상황이나 환경, 배경, 맥락에서 다른 필요와 희망사항을 갖고 있다. 그뿐 아니라 다른 개념과 언어, 표현 방식을 갖고 있을 수도 있다. 협력을 원하지만 그것을 제안하는 방식이 전혀 다르다면, 상대방은 싸움을 거는 것이라고 오해할 수도 있다. 우리는 그것들을 제대로 알지 못하면서 이기적이라고 하거나, 못됐다, 미련하다, 이상하다는 식으로 쉽게 결론을 내리곤 한다. 다르기 때문에 배울 수 있는 기회를 걷어차버린다. 비보잉과 암벽등반은 올림픽 정식 종목이고, 해당 선수들은 세계적인 명사들이다. 과거의 눈으로 보면 마당을 쓸거나 잡초를 뽑을 시간에 쓸

데없는 짓을 하느라 배 꺼뜨린다고 욕을 먹었을지도 모른다.

지금 우리가 놓인 상황이 그렇다. 흔히 '뷰카(VUCA, Volatile Uncertain Complex Ambiguous) 시대'라고 하는데, 변동적이고, 불확실하고, 복잡하고, 모호한 가운데 새로운 문제가 계속 나타난다. 새로운 문제에 대한 새로운 해결책이 끊임없이 필요한 시대에 우리는 살고 있다. 그 상황에서 다름을 무의미한 갈등의 원천으로 볼 것인가, 새로운 배움의 원천으로 볼 것인가를 선택하는 것이다. 다름으로부터 생기는 비효율이나 시간 상의 손실이 있더라도, 그 다름에서 얻는 배움이나 창의성의 가치가 훨씬 클 수 있다. 어느 한 쪽은 제대로 알고 있고, 어느 한 쪽은 제대로 몰라서 생기는 차이라면 대체로 쉽게 결론이 날 것이다.

그러나 《타이탄의 세이렌》에 나오는 두 아빠처럼, 살아온 배경과 맥락이 달라서 생긴 관점의 차이라면 쉽게 해소되지 않을 것이다. 서로의 차이가 쉽게 해소되지 않으면 상황과 맥락을 이해하려는 노력이 필요하다. 그런데 상대방이 틀렸다고 생각하고, 그 이유를 상대방이 이기적이거나 나쁜 동기를 갖고 있다고 어림짐작하니까 배움과 깨달음 대신 갈등과 다툼이 일어나는 것이다.

사실 우리 모두는 다 이기적이다. 인간만이 아니라 모든 생명체는 기본적으로 이기적이다. 그것을 인정하면 되는데, 상대방만 이기적이고 나는 아니라고 생각하니까 문제다. 인간이 때때로 이타적인 행동을 하는 것은 사회성을 무기와 강점으로 삼아 번성해 왔기 때문이다. 이타심(利他心) 또한 그 근저에는 이기심이 깔려 있다. 기본적으로 상대에게 이기심이 있다는 것을 받아들이고 인정해야 그 사람의 니즈가 무엇인지 찾아낼 수 있고, 그 니즈를 알아야 물건을 팔건, 서비스를 제공하건, 협력을 하건, 무엇인가를 할 수 있다. 이기심을 깎아내리고 이타심을 너무 추켜세울 것이 아니라, 이기심을 인정하고 이타심을 전략적인 관점에서 논의할 수 있어야 오히려 더 이타적인 사회가 만들어질 수 있다고 생각한다.

그래서 사람을 나눌 때도 이기적 – 이타적 이렇게 나눌 것이 아니라, 상식적이고 합리적이냐, 몰상식하고 비합리적이냐로 나눠야 한다. 규칙을 지키고, 공정을 기하고, 정의를 추구하는 것은 이타적인 사람만 하는 것이 아니라 이기적이더라도 합리적인 사람은 할 수 있고, 해야 하는 것이다. 내가 더 옳고, 내가 더 좋은 사람이라는 근거 없는 가정을 먼저 하면, 상대가 틀렸다고 단정하는 길로 쉽게 빠져든다.

갑일 때 거만하지 말고, 을일 때 비굴해지지 마라

상대방을 대하는 두 번째 방법은 현재 모습으로만 판단하지 말라는 것이다.

마이크로소프트 창업자 빌 게이츠(Bill Gates)가 어느 고등학교에 가서 강연 중에 이런 말을 한 적이 있다. "범생이 친구들과 잘 지내라. 그들이 언젠가 당신의 상사가 될지도 모른다." 빌 게이츠가 했다니까 왠지 얄밉기도 하지만 매우 현실적으로 들린다. 자라나는 학생들에게 이 얘기만 잘 해줘도 학교 폭력이나 왕따 문제가 없어질지도 모르겠다.

사람 사이에 일어나는 어리석은 실수와 잘못의 많은 부분이 현재의 상태가 그대로 유지될 것이라는 허망한 가정 위에 생겨난다. 지금 나보다 직급이 낮고,

실력이 부족하고, 가진 것이 적다고 해서 무시하는 경우도 있고, 지금 나와 껄끄러운 사이라고 해서 좀 더 친하게 지내려는 노력을 아예 하지 않거나, 반대로 지금 친한 사이라고 해서 무례하게 굴거나 지나치게 믿어버리는 등, 나중에 후회할 만한 일을 하는 것이다. 어떤 경우에도 사람은 존중받아야 하지만, 또 100퍼센트 완벽할 것을 기대해서도 안 된다. "사람은 변하지 않는다."라는 말이 있다. 사실은 정반대로 사람은 변하고, 변화시킬 수도 있다. 외적인 조건만이 아니라 본성도 그렇다. 지금 어떤 사람의 본성이라고 믿는 것이 정말로 그 사람의 본성인지 어떻게 확신할 수 있을까? 오히려 그런 확신이 온갖 실수와 잘못을 배양하는 터전이 된다.

직장에서도 그렇다. 직위나 역할이 바뀌는 것은 말할 것도 없고, 경험이 쌓이면서 원숙해지는 것은 흔히 일어나는 좋은 경우이고, 너무 일찍 성공을 거두어서 괜찮았던 사람이 오만해지고 편협해지는 것도 자주 일어나는 나쁜 경우이다. 대부분의 사람들이 자기보다 우위에 있거나 좋은 상태에 있는 사람, 즉 갑(甲)에게 잘못하는 경우는 별로 없으니까 반대의 경우인 을(乙)

에 대해 무시하지 말고 가능성을 생각하고 존중해야 한다는 얘기로 생각될 것이다. 그렇지만 갑을을 떠나서 현재의 지위와 재산과 명성만을 염두에 두고 그 사람이 변할 수 있는 가능성을 간과하면, 돌이키기 어려운 큰 잘못을 범할 수 있다.

내가 실무자 시절에 모셨던 상사 가운데 나중에 최고경영자가 되어 오랫동안 성공적으로 일하신 분이 있다. 그분의 얘기다. 1970년대 초반 경리부 신입사원으로 회사의 상사, 선배와 함께 은행원들에게 저녁 식사를 대접하게 되었다. 은행과의 관계라는 것이 경리부의 업무에서 아주 중요하다는 것을 알고 의욕이 넘쳤던 그분은, 은행 사람들을 즐겁게 해주기 위해 열심히 애를 썼다. 최대한 공손하게 예의를 갖추고, 시중의 소문과 우스갯소리를 총동원해서 재미있는 얘기를 많이 하고, 술잔도 열심히 돌렸다.

그런데 같이 갔던 선배 한 사람이 그분을 조용히 옆방으로 부르더니 다짜고짜 한 대 쥐어박으며 일갈하기를, "갑일 때 거만하게 굴지 말고, 을일 때 비굴해지지 말라."고 하더라는 것이다. 당시는 회사의 영업 상황이 좋아서 자금이 풍부하면 은행 사람들이 회사의 자금을 유치하기 위해 애를 썼고, 회사의 영업 상황이 좋지 않거나 큰 투자를 앞두고 있으면 회사에서 은행의 자금을 빌려 쓰기 위해 엄청 애를 쓰던 시절이었다. 그런데 그 회사는 업종 특성상 4~5년을 주기로 자금이 넘쳐나는 시기와 자금이 부족해서 고전하는 시기가 반복되었다. 그런 상황에서 은행과의 관계가 일관된 원칙이 없이 조변모개(朝變暮改)하면 당장은 어떨지 몰라도 몇 년 후의 후임자나 후배들이 일하기에 아주 어려운 상황을 물려주게 된다는 것이었다.

그분은 선배로부터 배운 교훈을 평생 회사생활의 금과옥조로 삼고 실천해 오셨다고 한다. 어떤 상대방과 일을 할 때라도 서로의 입장과 고충을 이해하려고 노력하되, 원칙을 잃지 않고 각자가 할 수 있는 범위 내에서 최선을 다해 상대방을 돕고 함께 이익이 되는 방향으로 진득하게 일해야 한다는 것이 그분의 충고였다. 중요한 것은 당장의 갑을 관계보다 그 관계가 계속 변할 수 있다는 것을 알면서 서로 존중하고 상호 이익이 될 수 있도록 노력하는 것이다.

일반적으로는 을에게 하는 잘못이 더 흔하고 심각하지만, 상대가 아무리 절대적인 갑이라고 해도 마찬가지다. 무조건 공손하고 상대방의 입장에 맞춰주고 요구사항을 들어주는 것만이 능사는 아니다. 몇십 년 동안 직장생활을 하면서 시간의 흐름에 따라 바뀌고 순서가 뒤집히는 것을 숱하게 목격했다. 부하직원은 아니지만 후배로 생각했던 사람을 상사로 모시고 일하는 경험도 내가 직접 해봤고, 동기 한 명은 을처럼 생각했던 외부기관의 직원이 임원으로 영입되어 오면서 상사로 모시게 된 경우도 있었다. 굳이 입사 순서나 직급 따지고, 나이 따지고, 갑을 따질 것 없다. 공손하면서 당당하게, 당장은 좀 부족할지 몰라도 꾸준하게, 상대의 입장을 배려하면서 여유 있게 대하는 것이 정답이다.

상대방의 의도를 넘겨짚지 마라

J가 신입 컨설턴트로 일을 시작한 지 얼마 안 된 상황에서 어느 고객사 사무실에서 프로젝트를 하며 겪은 경험을 한 가지 얘기해주었다.

다른 동료들이 다 퇴근하고 혼자 남아 일을 정리하

고 있는데 고객사 직원이 와서 저녁 회식에 같이 가자고 했다. 컨설팅사 직원은 혼자밖에 없어서 불편하기도 했고, 또 부적절하다고 생각해서 정중하게 거절을 했다. 마침 다른 약속도 있었다. 그런데 좀 더 연차가 높은 직원이 와서 또 같이 가자고 청하는 것을 다시 정중하게 거절했다. 그런데 그 팀의 막내사원이 와서 또 같이 가자고 청했다고 한다. 세 번의 초청을 끝내 거절하면서 마음이 아주 불편했단다. 배려하는 것이었는지, 무례한 강요였는지, 지금도 감이 잡히지 않는다고 했다. 그냥 못 이기는 척 갈 걸 그랬나 싶기도 하고, 다음날 그 고객사 직원들과 마주칠 일이 걱정도 되면서 심란했다는 것이다. 그런 경우에는 어떻게 행동하는 것이 맞는지 내게 물었다.

나도 그 상황의 정확한 진실을 모르기 때문에 어떻게 하는 것이 정답인지 모른다. 그 고객사 직원들도 특별한 의도 없이 그냥 그런 행동을 했을 수 있다. 그것을 배려인지, 무례함인지, 정탐 시도인지 해석하고 판단하려는 과정에서 오히려 잘못이 일어날 수 있다. 늦은 시간에 세 번의 회식 참여 권유가 있었다는 사실, 그리고 J는 약속이 있었고, 가고 싶지 않았고, 혼자 고객사 직원들과 어울리는 것이 부적절하다고 생각했고, 그래서 거절했다. 거기까지 정확한 사실이다. 사실이 아닌 해석과 판단에 따라 화를 내거나 미안하게 생각하는 것은 둘 다 섣부른 것이고, 오히려 이쪽이 무례하거나 비굴해지는 결과가 된다.

나중에 비슷한 일이 또 일어난다면 그것은 그때의 일이다. 다른 약속이 있을 수도 있고, 더 급한 일이 있거나 컨디션이 안 좋을 수도 있다. 그들과 더 친해져서 어울리고 싶은 마음이 들 수도 있고, 사무실이 아닌 곳에서 고객사의 진정한 니즈를 파악할 기회가 될 수도 있다. 상황에 따라 그 시점에 최적의 결정을 하면 된다. 전에 있었던 일을 가지고 미리 선입견을 가질 필요도 없다. 상대방의 의도를 넘겨짚어서 해석하고 판단할 필요가 없다. 여러 상황을 두루 파악하고 염두에 두면서 자기가 옳다고 생각하는 대로 결정하고 행동하면 되는 것이다. 무례함이나 비굴함이 끼어들 필요는 없다.

J의 경우에 중요한 것은, 협력적인 관계를 유지하면서 프로젝트를 잘 진행시키는 것이다. 그러려면 다음 날 그들을 만나서 어색해하기보다 "어제 초대해줘서

감사합니다. 야근하느라 몇 번씩 미룬 선약을 또 어길 수 없어서 죄송하게도 함께하지 못했습니다. 다음 기회에 함께할 수 있으면 좋겠습니다."라고 얘기하면 된다. 어제의 거절에 대해 그들이 어떻게 생각했든, 아침의 친근한 인사는 도움이 될 것이다. 그 초대가 배려였든, 무례함이었든 상관없다.

생각을 바꾸는 것도 관계를 개선하는 좋은 방법이 될 수 있지만, 생각은 쉽게 바뀌지 않는다. 대신 행동을 바꾸면 된다. 만약 도저히 좋아할 수 없는 상사나 동료가 있고, 그 사람을 싫어하는 감정 때문에 일을 하는 데 문제가 될 정도라고 가정해보자. 싫어하는 감정은 억지로 바뀌지 않는다. 그렇지만 행동은 노력해서 바꿀 수 있다. 한 달 동안 그 사람을 볼 때마다 활짝 웃어보라. 함께 일하기도 편하고 그 사람이 싫다는 생각도 서서히 없어진다.

심리학자들이 연구한 바에 의하면, 우리 뇌는 갈등이나 불일치, 서로 어긋나는 것을 싫어한다. 원인과 결과를 시간 순서로 보는 것이 아니라 한꺼번에 통시적으로 보고, 좋고 싫음이 행동을 결정하기도 하지만 행동에 의해 좋고 싫음이 결정되기도 한다. 누군가에게 친절을 베풀었다면, 그 사람이 친절을 베풀기에 마땅한 사람이어서 그랬다고 생각하면서 더 친절을 베풀려고 하고, 누군가에게 나쁜 일을 했다면 그 사람이 나쁜 사람이어서 싫어하게 됐고, 그래서 나쁜 일을 했다고 합리화하며 더 나쁜 일을 꾸민다.

지금 부족해 보이는 사람이라고 해서, 또는 불편하거나 적대적인 관계에 있는 사람이라고 해서 그 상태가 계속 이어질 것으로 생각하고, 그 생각에 기반해서 행동해서는 안 된다. 사람은 누구나 배우고 싶고 더 성장하고 싶은 욕구와 적보다는 친구를 만들고 싶은 욕구를 갖고 있다. 그렇다면 싹을 보고 나무를 생각할 줄 알아야 하고, 미래의 가능성을 내다보고 거기에 대비할 줄 알아야 한다. 자신의 잠재력만큼 상대의 잠재력, 그리고 자신과 상대방 사이의 관계에 대한 잠재력도 소중하게 여겨야 한다.

긍휼의 마음

상대방을 대하는 세 번째 방법은, 진정 원하는 것을

알아보는 능력을 키우는 것이다.

　같은 마음이 되는 것이 바로 남이 진정으로 원하는 것을 알아보는 능력이다. 남이 기뻐할 때 함께 기쁨을 느끼고, 남이 슬퍼하면 함께 슬퍼하고, 남이 아픔을 느끼면 그 아픔을 함께 느끼는 것이다. 영어에도 같은 의미를 가진 단어가 있다. 'compassion'은 연민, 동정심의 뜻을 가진 단어인데, '함께'라는 뜻을 가진 접두사 'com'과 '열정'이라는 뜻을 가진 'passion'으로 이루어져 있다. 그런데 'passion'은 '열정'이라는 뜻도 있지만, '격노' 또는 '심한 고통'이라는 뜻도 있다. 그러니까 'compassion'은 '고통을 함께 느낀다'는 뜻이다. 그냥 불쌍하게 여기는 것이 아니라 남의 고통을 함께 느끼면서 괴로워하는 것이다.

　《성경》에도 자주 나오는 이 단어를 우리말로는 '긍휼'이라고 번역한다. '긍(矜)' 자는 '창 자루'를 뜻하는 말인데, 창의 손잡이 쪽을 쥐고 상대를 겨누면 당당하고 위협적인 자세가 된다. '자긍심'의 '긍'도 같은 글자를 쓴다. '휼(恤)' 자는 '마음 심(心)' 옆에 '피 혈(血)'자를 붙여서 쓴다. 그러니까 피 흘리는 마음이 되는 것이다. 따라서 '긍휼'은 내가 창 자루를 잡고 있을지라도 상대방의 피 흘리는 아픔을 함께 느끼는 것, 즉 입장이 달라도 상대의 아픔을 공유하는 마음이다.

세종대왕께서 한글을 만드실 때, 백성들이 농사 짓는 법을 몰라 책을 만들어주어도 글을 몰라 읽을 수 없는 것을 가엾게 여기셨다고 했는데, 그때 기록된 말이 바로 '긍휼'이다. 비록 왕의 입장이지만, 백성들의 아픔을 함께 느끼셨다는 것이다. 세종대왕은 농사를 지어 먹고 사는 백성들에게 제대로 농사 짓는 법을 가르칠 책(《농사직설(農事直說)》)이 한문으로 되어 있는 현실에 아픔을 느꼈고, 그 긍휼의 마음이 오늘날 세계에서 가장 훌륭한 문자로 평가받는 한글을 만들어내는 원동력이 되었다. 윤석철 교수의 《경영학의 진리체계》에 나오는 내용이다.

문자는 대개 많은 사람들이 쓰는 과정에서 서서히 생겨나고 다듬어지는데, 한글은 왜 특정한 한 사람의 의지로 만들어졌을까? 단순히 음운학에 대한 호기심으로만 설명하기에는 그 많은 신하들의 반대를 무릅쓴 과정이 설명되지 않는다. 바로 '긍휼'의 마음이 바탕에 깔려 있었던 것이다.

윤석철 교수의 책에는 '긍휼' 또는 'compassion'이 세

144

계적으로 유명한 한 기업을 탄생시킨 사례도 나와 있다. 20세기 초 윌 켈로그(Will Keith Kellogg)라는 내과병원 직원이 입원 환자들에게 식사를 제공하는 일을 하고 있었다. 그는 소화기 계통 환자들로부터 빵을 먹으면 속이 편치 않다는 푸념을 듣고 그 환자들에게 연민을 느꼈다. 병원의 급식메뉴 중 빠질 수 없는 것이 곡물로 만든 빵인데, 그는 빵 속에 남은 이스트의 부작용이 문제를 일으킨다고 생각했다. 그래서 오랜 실험을 거친 끝에 이스트 없이 곡물을 삶아서 눌러내는 방법으로 시리얼을 만들었다.

이렇게 만들어진 시리얼은 밀의 껍질을 그대로 포함하고 있어서 섬유질이 많기 때문에 영양가도 빵보다 높고 소화기의 건강에 도움이 되었다. 그뿐만 아니라 맛도 좋아서 환자들이 병원에서 퇴원한 후에도 켈로그에게 시리얼을 우편으로 주문했다. 결국 환자들뿐 아니라 일반인을 위한 아침 식사로 자리매김하는 데 성공했고, '켈로그(Kellogg)'사는 세계적인 기업으로 발전하게 되었다.

기업의 창업 과정에 긍휼의 마음이 작용한 사례는 아주 많이 찾을 수 있다. 조산아의 생명을 구할 수 있는 저가형 인큐베이터를 만들어낸 '임브레이스(Embrace)'라는 소셜벤처 사례를 보자. 연약한 조산아가 정상적으로 성장할 수 있는 환경을 만들어주는 것이 인큐베이터다. 전 세계에서 매년 태어나는 2000만 명의 조산아 가운데 400만 명이 한 달 이내에 저체온증으로 사망하는데, 이들 중 대다수가 개발도상국에서 태어나는 아기들이다. 인큐베이터 1대에 2만 달러나 되고, 그 비싼 인큐베이터가 있더라도 전기가 없어서 사용할 수 없는 곳 말이다.

스탠포드대학교디자인스쿨(Stanford University's Institute of Design)에서 'Design for Extreme Affordability(극단적 감당 가능 비용을 위한 디자인)'이라는 수업을 듣던 제인 첸(Jane Chen)과 동료들이 이 사실을 알고 긍휼을 느꼈다.

처음에 그들은 단지 네팔과 같은 곳의 병원에서 쓸 수 있는 저가형 인큐베이터를 개발하려고 했다. 그런데 방학을 이용해서 직접 현지로 조사를 떠난 그들은 훨씬 충격적인 현실을 알게 되었다. 병원이나 진료소가 아니라 가정에서 출산을 하는 여성들이 압도적으로 많고, 그들은 갓 태어난 조산아의 체온 유지를 위해 아이를 온수 병으로 감싸거나 전구 아래 놓아 두는 등,

효과도 없고 매우 위험한 임시방편을 쓰고 있었던 것이다. 아무리 값싸고 좋은 인큐베이터를 만들어도 병원 안에만 설치된다면, 수많은 조산아들의 생명을 구할 수 없음을 깨달았다. 휴대와 살균이 용이하고, 전기도 필요 없고, 직관적으로 이용할 수 있을 만큼 단순하면서도 저렴한 인큐베이터가 필요했다. 그래서 나온 것이 왁스를 뜨거운 물로 녹여 침낭 속 주머니에 넣고 4~6시간 동안 전기 없이도 일정한 온도를 유지할 수 있게 만든 것이다. 원가는 기존 인큐베이터 가격의 단 1퍼센트 수준인 200달러였다. 결과적으로 임브레이스 사는 2011년에 인도에서 제품 판매를 시작해서 조산아 수십 만 명의 생명을 구했다.

공감력

켈로그 사도 지금은 대기업이지만 시리얼을 처음 만들었을 때는 조그만 벤처였다. 임브레이스 사도 마찬가지다. 창업회사말고 기존의 대기업에서 그런 사례를 찾을 수는 없을까? 아무래도 이미 성공한 사업모

델을 가지고 거대해진 대기업의 경우, 자기들 고객이 아닌 다른 이들의 아픔에 새롭게 공감하기는 쉽지 않을 것이다. 그렇지만 대기업들도 새로운 혁신이 없으면 계속 성장하고 발전하기 어려우니까 뭔가 돌파구가 필요하다. 미국 미시건대학의 프라할라드(C.K. Prahalad) 교수와 코넬대학의 하트(Stuart L. Hart) 교수는 피라미드의 바닥(BOP, Bottom of the Pyramid)이 중요하다고 강조했다. BOP는 1인당 연간소득 3000달러, 그러니까 하루에 8달러 미만으로 생활하는 소득 피라미드의 최하위 계층을 가리키는 말이다. 이들의 생활에 도움이 되는 상품과 서비스를 개발해서 판매하면 기존 시장을 대체할 미래의 성장동력을 확보할 수 있고, 사회적 책임의 측면에서도 좋은 평판을 유지할 수 있다는 얘기다.

그러나 대기업의 구성원들이 직접 그런 상품과 서비스를 개발해내는 것은 여전히 드물다. 그 이유가 바로 그들의 아픔과 불편에 공감하지 못하기 때문이다. 오죽하면 프랑스혁명 당시 마리 앙투와네트(Marie Antoinette d'Autriche) 왕비가 "우리에게 빵을 달라."고 외치는 대중들에게 "빵이 없으면 과자를 먹으면 되지 않느냐."고 반문했을까? 물론 그 얘기가 역사적 사실인지에 대해서는 논란이 있지만, 아픔에 공감하지 못하는 가진 자들의 오만을 상징하는 얘기가 되었다.

그렇다고 해서 대기업들이 장기적으로 서서히 쇠퇴하는 것 외에 방법이 없다는 얘기는 아니다. 스타트업이나 소셜벤처 등과 협업하거나 M&A를 통해 각자의 특장점을 살려 가면서 공조하는 방법도 생각할 수 있다. 앞서 얘기한 임브레이스도 GE 헬스케어(GE Healthcare)와 파트너십을 체결하고 나서 활동무대를 세계로 확대할 수 있었다.

어떻게 보면 임브레이스는 개발도상국 산모들의 아픔을 함께 느꼈고, GE 헬스케어는 그 아픔을 해결하기 위해 빨리 사업을 키워야 하는데 그렇지 못한 임브레이스의 아픔을 함께 느꼈다고 할 수 있다. 느낄 수 있는 남들의 고통과 불편, 어려움의 범위와 크기가 바로 '공감력'이다. 각자 처한 상황에 따라 공감력의 내용이 달라지고, 바로 그 공감력이 경쟁력이 된다.

남들이 진정 원하는 것을 이해하고, 알아차리고, 찾아내는 것이 혁신과 창업, 돌파구의 마련 등으로 이어진다고 해도, 막상 현장에서 팀원으로 일하는 사람들에게는 약간 동떨어진 얘기로 들릴 수 있다. 그런데 그 능력은 굳이 혁신이나 창업까지는 아니더라도 회사생활의 모든 면에서 크게 도움이 된다. 예를 들어, 일을 믿고 맡기지 못하고 지나치게 자주 진행 상황을 확인하는 상사를 생각해보자. 일단 부하직원의 역량에 충분한 신뢰를 갖지 못해서 불안해하는 것이라고 생각할 수 있다. 부하직원 입장에서는 어떻게든 더 완벽한 일 처리를 통해 그 불안감을 잠재우고 신뢰를 얻으려는 노력을 할 것이다. 그러면 상사는 더 조바심을 내고 더 확인하고 싶어할 가능성이 크다. 왜 그럴까?

불확실한 상태는 모든 사람들에게 스트레스의 근원이다. 부하직원이 마감기한을 지킬 수 있을지, 내용과 품질이 적당할지, 상사로서 더 도와주어야 할 것이 없을지 등이 불확실한 상태에 있으면 전부 다 스트레스로 작용한다. 그래서 더 확실함을 얻고 싶은 것이다. 그런데 부하직원은 '나를 믿지 못하고 왜 저러실까?' 하는 식으로 받아들이고 더 그럴싸하게 일이 진척될 때까지 보고를 미루는 방식으로 대응한다. 악순환이다. 상대방이 원하는 것을 이해하지 못해서 서로 스트레스를 쌓아 가고 불필요한 갈등을 만든다.

이럴 때는 적절한 시간 간격으로 간략한 사전보고

와 피드백 요청을 해야 한다. 너무 장황하게 하거나 너무 자주 하는 것도 좋지 않다. 상사는 자신의 불안감을 없애고 싶은데, 부하직원의 말이 너무 길면 핵심과 요점을 추리지 못한다는 증거 또는 변명으로 받아들인다. 별다른 진척이 없는데도 너무 자주 보고하면 부하직원의 역량과 자신감을 의심한다. 어느 경우나 상사의 불안감을 줄이는 데 도움이 되지 않는다. 일의 진척 내용이나 상황, 여건, 판단의 내용에 변화가 있을 때, 그 핵심을 간략하게 보고하고 피드백을 구하면 된다.

또 다른 예를 들어보자. 상사들은 가끔씩 뜬금없는 질문을 한다. 일과 전혀 관계가 없어 보이기도 하고, 그냥 궁금해서 묻는 건지 개인적으로 필요해서 묻는 건지 알기도 어렵다. 그런 질문을 받으면 부하직원들은 당황스럽다. 도대체 왜 그런 질문을 할까?

답은 정해져 있지 않다. 필요할 수도 있고, 갑자기 궁금할 수도 있고, 부하직원을 테스트하는 것일 수도 있고, '나는 언제 어디서나 당신에게 질문할 수 있는 사람'이라는 것을 내세우려는 것일 수도 있다. 그런 질문을 받은 부하직원은 질문의 의도를 추측하려 하지만 알 길이 없다. 답을 알면 바로 얘기하겠지만, 모르면 아무 말 없이 일단 정답을 찾으려 한다. 상사가 원하는 것이 그런 모습일까? 부하직원 입장에서는 상사가 답을 원하니까 질문을 했을 것이고, 당장 답을 모르니까 찾아야 한다고 생각할 것이다. 즉각적인 정답이 제일 좋기는 하다.

그런데 (정답인지 오답인지 관계없이) 즉각적인 응답과 지체된 정답 중에서는 어느 쪽이 더 좋을까? 정답을 찾느라 침묵이 길어진다면? 필요해서든지, 궁금해서든지, 또는 권위를 내세우기 위해서든지 답을 찾는다고 아무 대꾸도 하지 않고 이것저것 뒤적거리는 부하직원을 바라보게 되면, 상사는 먼저 인내심을 작동시켜야 할 것이다. 그 인내심을 제대로 작동시키지 못하면, 못난 상사 또는 못된 상사가 된다. 어쨌든 부하직원에게 좋은 상황은 아니다.

대답을 늦게 하는 사람이 불편한 이유는, 아무리 사소한 질문이라도 그 대답을 기다리는 동안 인지 자원이 쏠려서 다른 일을 하기 어렵기 때문이다. 상사가 아니라 친구 또는 그 누구라도 마찬가지다. 무조건 답을 빨리 해야 한다는 것은 아니지만, 적절한 타이밍의 반응은 사람과 사람 사이의 관계에서 반드시 필요하다.

그렇다면 답을 모르는 상황에서 부하직원은 어떻게 해야 할까? 답을 찾기 전에 질문을 접수했다는 표현을 하고 반응을 보여주는 것이 먼저다. 잠정적, 대략적인 답을 하고 좀 더 자세히 조사해보겠다고 하거나, 언제까지 필요한지 되물어볼 수도 있다. 질문의 의도를 넘겨짚을 필요도 없고, 모르면서 아는 척하라는 얘기는 더욱 아니다. 정직은 기본이다. 모른다는 직접적인 표현을 하지 않더라도 반응을 보여주어야 한다.

상대방이 진정 원하는 것을 파악하기

상대방이 싫어할 수 있는 일을 아무 생각 없이 저지르는 경우는, 상당 부분 상대방의 행동을 액면 그대로만 받아들이고 진정으로 원하는 것을 생각하지 않기 때문이다. 원하는 것이 있으면 그 또한 솔직하게 표현해야 하는 것 아니냐고, 말을 돌리거나 알아서 짐작하고 처신하라고 하는 것은 그 자체가 잘못이고 일종의 갑질 아니냐고 항의하고 싶을 것이다. 맞는 말이다.

그러나 여기서 하고자 하는 말은 그 상대방에게 하

려는 것이 아니다. 그들의 편향이나 오류를 지적하는 것이 아니라 그러한 편향이나 오류에도 불구하고 그들이 진정 원하는 것을 읽어내려는 우리의 노력에 대해 얘기하는 것이다. 설령 상사가 갑질에 해당하는 무리한 요구를 하더라도 그것이 걸림돌이 되지 않도록 하려면 어떻게 대처해야 하는지 얘기하는 것이다.

사실 상사는 전능하거나 완전무결한 존재가 아니다. 이기적이고, 편견에 사로잡혀 있고, 무능하기까지 한 상사 밑에서 일하지 않는다는 보장이 없다. 그런 경우에도 그들을 비난하는 것에 그쳐서는 안 된다. 일을 해야 하고, 조직에서 성장해야 한다. 그러려면 그들을 이해해야 한다.

예를 들어, 부하직원이 조직에 크게 도움이 되는 아주 창의적이고 완벽한 아이디어를 회의 석상에서 갑자기 꺼내는 경우를 생각해보자. 당연히 상사가 좋아할 것 같지만, 현실에서는 그렇지 않다. 왜 그럴까?

우선 부하직원이 더 유능하고 똑똑하면 자신의 자리를 위협받기 때문이라고 생각할 수 있다. 물론 그럴 수도 있지만, 그것은 상사들을 지나치게 폄훼하는 것이다. 상사 입장에서는 결정적으로 채택할 만한 아이디어에 상사 자신의 기여도 들어갈 수 있기를 바란다. 그런데 부하직원이 제시하는 아이디어가 흠이 없고 완벽할수록 그 반대가 된다. 상사뿐 아니라 동료도 마찬가지고 협업을 해야 하는 관련부서도 마찬가지다. 그들이 방해하지 않고 도와주어야 일하기 훨씬 수월하다는 것은 분명하다. 그러려면 그들이 도와줄 수 있는 여지를 마련해야 한다. "네가 나보다 더 똑똑해?"라는 식의 반응이 나오는 것은 그 여지를 전혀 남겨두지 않기 때문이다.

미국의 독립영웅 중 한 명인 벤저민 프랭클린 (Benjamin Franklin)이 정적을 친구로 만든 방법이 있다. 그 정적이 가지고 있는 진귀한 책을 며칠 동안 빌려 달라고 했고, 돌려줄 때 감사의 편지를 써서 보냈더니 그 후로 둘도 없는 친구가 되었다고 한다. 그의 자서전에 실제로 나오는 얘기다. 벤저민 프랭클린은 "적이 당신을 한번 돕게 되면, 더 많이 돕고 싶어진다.(Enemies who do you one favor will want to do more.)"는 말을 남겼다. 심리학에서는 이와 같은 효과를 '벤저민 프랭클린 효과(Benjamin Franklin Effect)'라고 부른다.

잘 모르는 것을 물어보는 것도 좋은 방법이다. 왠지

모르게 껄끄러운 동료가 있다면 질문을 하고 도움을 청하는 시도를 해보기 바란다. 개인적인 궁금증에 관한 것이나 이미 알고 있는 것을 테스트하듯이 묻는 것이 아니라, 정말로 필요한데 잘 모르는 것을 진심을 다해 묻는 것이다. 바로 답을 들을 수도 있고, 당장 답이 나오지 않을 수도 있다. 어느 경우라도 훨씬 관계가 부드러워지고 친해질 수 있을 것이다.

상사에게 완벽한 아이디어를 보고하는 방법도 마찬가지다. 몇 가지 대안을 제시하면서 상사에게 선택해달라고 하거나, 완벽하다고 생각될 때까지 혼자 끌고 가지 말고 적당한 간격으로 보고해서 상사의 피드백을 받는 것이다. 또는 상사가 보완할 여지를 남기거나, 아이디어 실행의 장애물을 짚어보고 상사가 지원해줄 것을 요청해도 좋다. 상사 입장에서는 자신의 기여가 들어간 그 아이디어가 훨씬 긍정적으로 보일 것이다.

그런데 상사의 비판이 무서워서 좋은 아이디어가 있어도 꺼내지 않거나, 불쑥 꺼낸 다음 제대로 인정해주지 않는다고 불만을 갖는 경우가 많다. 그런 분위기가 마음에 들지 않는다고 떠나는 경우도 많다고 한다. 상대방이 진정으로 원하는 것을 생각해보지 않고 넘겨

짐작하거나, 아예 신경조차 쓰지 않고 내 입장에서만 생각할 때 벌어지기 쉬운 일들이다.

직장에서 유능하다고 인정받는 사람들은 대개 다른 부서나 동료들과 협업을 잘한다. 협업을 잘한다는 것은 일을 혼자 하지 않고 다른 조직이나 사람들과 잘 나누고 또 합쳐서 하는 것이다. 잘 부탁해서 내 일을 남에게 덜어내는 것이 아니라, 당사자 모두에게 두루 이익이 되도록 좋은 제안을 해서 받아들이게 하는 것이다. 좋은 제안은 상대방의 입장에서 가치를 생각하고 그것을 키울 방법을 생각해서 나의 가치와 조화롭게 만들 방법을 전달하는 것이다. 그러려면 우선 상대방이 진정으로 원하는 것을 알아야 가능하다.

예를 들어, 생산부서에서 구매부서에 신규설비 구입을 요청한다고 생각해보자. 정비 시간이 줄어서 생산성이 올라가고, 운영 비용이 줄어든다는 내용을 아무리 강조해도 그것은 생산부서에서 원하는 내용일 뿐이다. 만약 현금 지출을 줄이겠다는 전사적 방침이 있다면 구매부서는 쉽게 설득되지 않을 것이다. 그럴 때 구매부서를 설득할 수 있는 방법은 신규설비 구입이 구매부서의 성과가 되도록 만들어주는 것이다. 전사적인 사고 위험의 감소와 연결시키거나, 설비를 제조회사로부터 임대 형식으로 들여오는 등의 새로운 거래 방법을 써서 그것이 구매부서의 실적이 되도록 만들어주면 적극적으로 나설 수 있다. 이처럼 일을 잘하기 위해서는 남이 원하는 것을 제대로 알아야 한다. 그래야 남이 나를 위해 움직이게 할 수 있다.

그런데 세상이 각박해져서 그런지 아이디어나 성과를 나누고 공유하는 데 점점 소극적이다 못해 인색해지는 것 같다. 제도나 규칙이 정하는 바에 따라 움직이면 되고, 그 이상을 요구하는 것은 부당한 것이며 그에 못 미치면 부족한 것이라고 본다. 심지어는 공유하고 협력해야 하는 상황을 불공정하다고 생각하기도 한다. 그러나 자세히 들여다보면 그 제도와 규칙을 각자의 입장에서 한껏 끌어당겨 해석하기 때문에 여기저기 어긋나고 구멍이 생긴다. 그리고 다시 제도와 규칙을 탓한다.

이런 경우에 나는 '산소 농도의 법칙'이라는 말을 쓴다. 지구 어디서나 대기 속의 산소 농도는 거의 일정하다. 산소 농도가 더 높으면 내가 더 편하게, 더 건강하게 살 텐데 왜 그 정도밖에 안되느냐고 불평하는 것은 어리석은 일이다. 아무리 불평해도 바뀌지 않는다. 그보다는 운동을 더 하거나 공기가 좋은 자연환경을 자주 찾는 것이 나을 것이다. 그것들은 내가 바꿀 수 있지만, 산소 농도 자체는 내가 노력한다고 해도 바꿀 수 없는 것이다.

어디를 가더라도 나와 다른 생각을 가진 사람들이 존재하고, 그들과 협력하고 성과를 나누지 않으면 일을 하기 어렵다는 사실도 분명하다. 부하직원이 답을 찾는 시간을 기다려주지 않거나, 부하직원이 너무 똑똑해서 자기를 추월할 것을 두려워하는 상사, 나와는 일하는 방식이 다르고 전혀 다른 KPI(Key Performance Index)를 가지고 있는 타 부서의 사람들, 나와 생각이 다른 동료 등은 항상 있을 수밖에 없다. 그들을 잘 이해할수록 내가 일을 더 잘할 수 있다. 그들이 때로 이기적이고 비합리적으로 보이는 것은, 단지 나와 다르고 내가 그들을 제대로 이해하지 못했기 때문일지도 모른다.

그들이 나와 다르다는 것을 불평하는 것은 공기 중의 산소 농도에 대해 불평하는 것과 같다. 그런데 공기 중에 산소 농도가 1퍼센트만 더 높아도 번개가 칠 때 산불이 일어날 확률이 엄청나게 커진다고 한다. 산소 농도가 올라가면 내가 숨쉬는 것은 더 편해질지 몰라도 환경적으로는 엄청난 재앙이 될 수도 있다는 얘기다. 내 주위에 나와 같은 사람이 더 많아진다면 당장 나는 더 편할지 몰라도 조직 전체로는 집단사고(Groupthink)와 같은 또 다른 문제가 생길 수 있다. 내가 아닌 남이 나와 같기를 바라기보다 내가 남을 이해하고 나를 이해시키려는 노력이 우선되어야 한다.

상대방의 고통에 공감하기

한 TV프로그램에서 자기 몸속에 거미가 들어 있다고 생각하면서 고통받는 사람을 보았다. 병원을 찾아가서 진찰을 받고 아무리 설명을 들어도, 이 사람은 자기 몸속에 거미가 있다는 생각을 바꾸지 않았다. 이것은 사실 말이 되지 않는다. 이럴 때 의사는 환자에게 뭐라고 얘기할까? 거미가 없다는 것을 납득시켜야 원인을 이해하고 그에 따른 처방을 받아들일 것이라고 생각할 수 있다. 그러나 "거미는 없어요."라고 말한 경우, 모두 치료에 실패했다.

그런데 한 정신과 전문의가 "이 약을 꾸준히 드시면 거미가 조금씩 작아져서 나중에는 없어질 겁니다."라고 했다. 문제는 해결되었다. 거미가 없다는 객관적인 사실이 중요한 것이 아니라 거미가 기어다니고 물어뜯는 듯한 환자의 고통을 이해하는 것이 중요했던 것이다. 요리로 따지면 재료를 도마 위에 늘어놓는다고 그것이 요리가 되지는 않는다. 객관적인 사실이나 전문지식은 재료일 뿐이고, 상대방을 이해하고 공감하는 것이 맛과 향을 내고 오감을 즐겁게 하는 조리 과정이다.

지인 중에 유명한 신탁회사의 CEO가 있다. 그는 경영학과를 졸업하고 변호사가 되었고, 다시 기업의 CEO가 되었다. 남들과 달리 예사롭지 않은 과정을 거친 이유를 물어보았더니 이런 얘기를 했다.

변호사는 대개 전문가로 인정받는데, 많은 변호사가 의뢰인에게 전문 법률 지식을 설명하느라 시간을 많이 쓴다고 한다. 그런데 그는 의뢰인의 얘기를 들으면 어떻게 그 문제를 해결해줄 수 있을까 하는 생각이 먼저 들었다. 의뢰인의 문제를 해결하는 데 당연히 전문지식이 많이 필요하지만, 그것을 일일이 설명하려고 하기보다 필요하고 이해할 수 있을 만큼 설명하고, 대신 문제를 해결하는 데 집중하려고 했다. 설명을 먼저 하다 보면 처음에 생각한 답에서 벗어나기가 어려운데, 그는 좀 더 다양한 방법을 동원할 수 있었다.

그렇게 문제를 잘 해결해서 유능하다고 인정을 받게 되니까 점점 더 많은 일을 맡을 수 있었다. 그러다가 재무적으로 어려움에 처한 한 회사를 인수해서 직접 경영을 하게 됐고, 지금의 선두 위치로 끌어올렸다는 것이다. 여전히 그는 고객들의 문제를 해결하고 필요에 부응하기 위해 고객으로부터 많이 듣는 것이 사업 성공의 비결이라고 말한다.

자기가 아는 것을 어떻게 설명하고 납득시키느냐가 중요한 것이 아니라, 상대방이 느끼는 고통과 문제를 해결하는 데 자신의 지식과 역량을 어떻게 쓰느냐에 집중해야 한다. 그 고통과 문제를 함께 느끼지 못하면 해결하려는 의지도 생각도 나오지 않기 때문에 필요한 것이 공감과 연민이다. 사람들의 타고난 성격 때문에 공감과 연민의 능력을 키우려고 해도 키워지지 않는다고 생각할 수 있다. 성격은 바꾸지 못하더라도 행동은 바꿔볼 수 있다. 흔히 성공과 발전을 위해 온갖 노고와

수모까지 견딜 각오가 되어 있다고 말한다. 그러면서 상대방의 신발에 자기 발을 넣어보는 것을 마치 견디지 못할 고통처럼 대한다.

'유니버설 디자인(Universal Design, 범용 디자인)'의 어머니로 불리는 미국의 산업디자이너 패티 무어(Patricia Moore)는, 말이나 생각이 아니라 직접 행동으로 다른 사람이 되어보는 것을 실천했다. 한 유명한 산업디자인 회사에서 일하던 20대의 그녀는 무거운 냉장고 문을 열 때마다 힘들어하는 자기 할머니처럼 관절염을 가진 사람들도 쉽게 열 수 있는 냉장고 문을 디자인해보자는 제안을 했다. 상사로부터 "우리는 그런 사람들(those people)을 위한 디자인은 하지 않는다."는 말을 듣고 마음이 아팠던 그녀는 직접 '그런 사람들'의 하나가 되어 보기로 했다. 80대 할머니의 모습으로 젊은이 중심 사회에서 살아보기로 한 것이다.

TV방송국 분장사인 친구의 도움을 받아 다양한 사회 계층의 노인 모습으로 변장하고 미국과 캐나다의 100여 군데 도시를 돌아다니면서 신체적, 감정적 제약 속에서 젊고 부유한 사람들의 반응을 살폈다. 그녀가 맞닥뜨린 것은 거부, 증오, 그리고 공포였다. 갖은 고

생 끝에 그녀는 "장애는 사람들이 만드는 제품과 건축에 의해 충분히 극복될 수 있는 것이지, 나이나 건강에 의해 결정되는 것이 아니다."는 결론을 내렸다. 디자이너로서 그녀가 깨달은 것은 결핍과 불편, 문제가 있을 때 필요한 것은 누군가에게 책임을 지우는 것이 아니라 바꾸고 개선해야 한다는 사실이었다.

그 경험을 통해서 수많은 세계적인 기업들과 손잡고 노인 소비자를 배려하는 디자인을 선보였고, 그 기업들은 제품을 개선하고 차별화해서 수익을 늘리고 기업을 성장시킬 수 있었다. 패티 무어 이후로 생겨난 '유니버설 디자인'의 개념은 '모두를 위한 설계(Design for All)'라고도 하는데, 장애 유무나 연령 등에 관계없이 모든 사람들이 제품, 건축, 환경, 서비스 등을 보다 편하고 안전하게 이용할 수 있도록 설계하는 것이다.

진심을 다해 질문하기

역지사지를 얘기하면서 빠뜨릴 수 없는 주제가 질문이다. 질문은 다른 사람을 이해하고 그 입장이 되어

보기 위해 필요한 행동 중의 하나다.

　길을 걷고 있는데 누군가 다가와서 "도를 아십니까?"라고 물으면 사람들은 귀찮게 생각하고 '나를 도대체 뭘로 보나?' 하는 생각을 한다. 그런데 그런 질문조차 귀찮게 여기지 않고 반갑게 느끼는 사람도 있다. 외롭고 소외된 사람, 평소에 제대로 된 관심과 존중을 받지 못한다고 느끼는 사람이다. 어떤 사람은 그런 질문이 자신을 무시하는 것으로 받아들이겠지만, 외로운 사람은 누군가가 자기에게 질문해주는 것이 반가워서 더 얘기를 하거나 들으려고 한다.

　사실 다른 사람을 알기 위해서 할 수 있는 가장 기본적인 행동이 바로 관찰하고 묻는 것이다. 잘 모르면서 넘겨짚어 상대방의 입장이 되었다고 생각하면 자칫 문제를 더 꼬이게 만들 수 있다. 보고도 모르면 물어봐야 되는데 그것이 의외로 쉽지 않다. 묻는다는 것, 질문한다는 것은 상대방에게 관심을 보이고 존중하는 행위가 되어야 하는데, 그러려면 정성이 들어가야 한다. "도를 아십니까?" 같은 질문은 다른 의도를 의심하게 되어서 솔직하게 답하고 싶지 않고, 또 심문하는 것처럼 꼬치꼬치 캐묻거나 별로 중요하지 않은 것을 시시

콜콜 물어보는 것도 위협으로 느껴지거나 귀찮아서 성실하게 답하고 싶지 않다. 관심과 존중을 담아 좋은 질문을 하고 경청하는 사람들은 자신의 정보를 편하게 공유한다. 그래야 넘겨짚지 않고 상대방의 입장이 되어볼 수 있다.

또 스스로 고민하지 않으면서 떠넘기거나 툭 내뱉듯이 하는 질문에도 답하고 싶지 않다. 자기가 실컷 말을 다 해놓고 "그렇지 않아요?"라는 식으로 끝에 의문 형식만 붙이는 경우도 있다. 마찬가지로 답하고 싶지 않다. 관심과 존중을 담은 것이 아니라 요식행위처럼 느껴지니까 그렇다.

좋은 질문은 상대가 신나게 얘기할 수 있게 만드는 질문이다. 구체적인 묘사를 하거나 스토리로 이어지는 질문이 그렇다. 정리되지 않은 생각을 대답하면서 정리할 수 있도록 도와주는 본질적이고 깊이가 있는 질문도 좋다. 그런 질문에 사람들은 신이 나서 얘기하게 된다. 그런 질문을 하기 위해서는 정성이 들어가야 한다. 묻는 의도를 몰라서 이리저리 궁리를 하게 하는 질문은 정성이 들어간 것이 아니다. 일과 상관없는 단순한 호기심이나 개인적 궁금증을 해소하기 위한 질문을 계속 던지는 것도 마찬가지다.

상대방이 진정으로 원하는 것을 알아보는 데 제일 큰 장애물은, 관찰하고 묻기도 전에 미리 드러내는 선입견 또는 편견이다. 사람은 다양한 특성을 가지고 있고 여러 측면으로 파악할 수 있는데, 밖으로 드러난 대표적인 특질을 과장하고 뭉뚱그려 생각하면서 그 사람을 마치 다 아는 것처럼 생각하기도 한다. 그것도 마음이 부지런하지 못하고 정성을 들이지 않기 때문이다. 편견은 제한된 인지적 자원을 경제적으로 사용하는 일종의 지름길 찾기라고 할 수 있지만, 복잡해진 현대 생활의 많은 부분에서 필요한 만큼 정성을 들이지 않고 인지적 게으름을 피우기 때문에 문제를 일으킨다.

선입견과 편견을 버리고 좋은 질문을 하자. 좋은 질문은 정말로 상대방을 이해하고 싶고, 상대방의 생각을 듣고 싶어서 정성스럽게 올리는 선물과 같은 질문이다.

역지사지의 반대는 아전인수(我田引水), 즉 '제 논에 물 대기'라고 할 수 있다. 제 논에 물이 귀하면 다른 논에도 물이 귀한 법이다. 아전인수라는 말을 들으면 시대의 화두가 된 공정(公正)이 떠오른다. 요즘은 각자 자기에게 유리한 기준을 가지고 눈물을 끌어당기듯 공정을 끌어당기는 것 같다. 정말 공정한 기준인지, 또 공정을 따지기 전에 정말 중요한 것이 무엇인지 생각하지 않는다.

공정은 함께 살아가기 위해 필요한 것이다. 애당초 혼자 산다면 필요도 없을 공정의 기준을 모두가 자기 입장에서만 바라보고, 자기 입장에서만 해석하고, 자기 입장에서만 판단하면, 그것은 정글이나 마찬가지다. 사회 또는 공동체라고 할 수 없다. 자기가 더 유리해지기 위해 견강부회(牽強附會)할 것이 아니라, 정말 우리 모두를 위해 필요하고 좋은 기준인지 먼저 생각해야 한다. 더 많이 토론하고, 더 많이 다른 입장도 들어보고 반영하려고 노력해야 한다. 다른 사람의 입장을 헤아리기 어려우면, 일단 자기 입장에서 벗어나 보기라도 해야 한다. 그래야 제대로 공정한 기준이 된다.

자기 입장을 벗어나기 위해 공간적으로 높은 곳도 좋고, 조직에서의 상사 입장도 좋고, 신 또는 우주인이 되었다고 상상해보는 것도 좋다. 어쨌든 '나'라는 경계를 한번 벗어나 보는 것이다. 운전을 하다가 앞 차가 갑자기 끼어들면 화가 치밀고 욕이 나오기도 한다. 정글에서 살던 시절의 생리작용일 그런 화는 혈압만 높일 뿐 전혀 도움이 되지 않는다. 그럴 때 그 상황을 위에서 내려다본다고 상상해보는 것이다.

끼어든 차의 운전자가 아픈 아이를 데리고 병원에 가는 상황일 수도 있고, 그 외의 여러 가능성이 있다. 어떤 상황에서 어떤 입장이었는지 다 알 수는 없어도 이미 화는 누그러져 있을 것이다. 무언가 답답하고 일이 잘 풀리지 않을 때, 불쑥 화가 나거나 의기소침해질 때, 현재 상황을 조감도처럼 위에서 펼쳐보면 자기를 옭아맨 입장의 고리에서 풀려난다. 더 침착해지고 안정을 찾고 상대방을 더 잘 이해하고 문제 해결을 위해 더 좋은 결정을 하는 데 도움이 된다.

최근 조직 안에서 함께 일하는 구성원들의 연령대가 과거에 비해 훨씬 넓어지고 있다. 그러면서 세대 차이에 따른 갈등이 늘어나고 있다. 모든 나이 든 기성세대들이 고리타분하지 않고 모든 젊은이들의 싹수가 노랗지 않다는 것을 알면서도, 서로 꼰대 같다느니 버릇없다느니 하는 말을 퍼붓는다. 여기서도 각자의 입장을 벗어나볼 필요가 있다.

대학 신입생인 늦둥이 막내를 기숙사에 데려다주면

서 들은 얘기가 있다. "아빠 세대는 노력하면 이룰 수 있는 것이 많았죠? 그렇게 이룬 크고 작은 성취에 행복을 느낄 수 있었겠지만, 우리 세대는 노력하면 이루어질 거라고 주입 받았는데 죽어라 노력해도 이룰 수 있는 것이 별로 없어요. 겨우 달성한 웬만한 성과들에 대해서도 행복을 느끼기 어려워요. 행복을 느끼고 있으면 또 금방 뒤쳐질 것 같으니까요. 그래서 내 친구들이나 또래들을 보면 안쓰럽다는 생각이 들어요."

젊은이들이 기성세대를 이해하기는 어렵다. 그들이 겪어보지 않은 일을 과거에 겪었고, 지금도 그 틀에서 살고 있는 사람들이기 때문이다. 이해하려고 애쓰기보다는 쉽게 단정해서 바로 반응하지 말고 여유를 갖고 대하기를 권한다. 기성세대는 젊은 시절을 겪었기 때문에 젊은이들을 이해할 수 있다고 생각하기 쉽다. 그러나 자기가 겪어본 젊은 시절로 돌아가는 것은 자기 입장을 벗어나 제대로 그들의 입장이 되는 것이 아니다. 지금의 젊은이들을 이해하기에는 충분하지 않다. 훨씬 더 적극적으로 그 입장이 되어보려는 노력이 필요하다.

4. 행복하게 일하기
_ 진인사대천명

"아니야 제롬, 아니야. 미래의 보상을 위해서
우리가 덕을 쌓으려고 노력하는 것은 아니야.
우리의 사랑이 찾고 있는 것은 보상이 아니야.
자기 고통에 대한 보수라는 생각은
고귀하게 태어난 영혼에게는 모욕적인 말이야.
덕이란 그런 영혼을 위한 장신구가 아니야.
그것은 그런 영혼이 지니는 아름다운 형식인 거야."

_ 앙드레 지드, 《좁은 문》 중에서

가. 일을 잘한다는 것

　일에 대해서 얘기할 차례다. 매번 반복되는 지루한 일을 하는 경우도 있고, 새로운 고객을 대상으로 새로운 내용으로 문제를 진단하고 해법을 찾는 프로젝트도 있을 것이다. 컨설턴트라면 한꺼번에 많은 사람들을 인터뷰하고, 그 내용을 기록하고, 하루에 수십 편의 논문과 자료들을 검색해서 읽고, 요약하고, 데이터를 비교하면서 정리하고, 표를 만들기도 하고, 프레젠테이션 자료를 만들고, 또 그것을 발표하기 위한 스크립트를 쓰기도 할 것이다. 그러다 보면 하루 종일 진도가 나가지 않아서 막막할 때도 있고, 밤을 새야 할지도 모른다. 나는 너무 벅차다고 느끼는데 상사나 선배들을 보면 비슷한 양의 비슷한 일을 하면서도 척척 잘해내는 것 같고 여유 있어 보인다. 그럴 때는 부럽기도 하면서 어떻게 하면 저렇게 일을 잘할까 궁금할 것이다. 당장 일 잘하는 방법을 알고 싶을 것이다.

손자병법의 '도천지장법'

일을 잘한다는 것은 무엇일까? 많은 양을 빨리 해내는 것? 해결해야 할 문제에 정확한 답을 구하는 것? 고객의 니즈를 충족하고 마음에 쏙 들게 하는 것?

사실 일을 잘한다는 것에는 여러 가지 측면이 있고, 그 중 어떤 것이 중요한지는 그때그때 상황에 따라 다르다. 특히 프로젝트마다 다른 고객을 만나서 다른 문제를 다루면서도 매 상황에서 고도의 집중력이 필요한 사람이 있는가 하면, 같은 내용의 일을 반복적으로 하는 사람도 있고, 진척이 느리더라도 꾸준하게 쌓아 올리는 일을 하는 사람도 있다. 이들에게 요구되는 역량은 모두 다르다. 또 승진을 해서 조직의 더 높은 위치에 올라가면 같은 내용의 일이라도 다른 역량이 더 필요해진다. 그래서 일을 잘하기 위해서 어떻게 해야 하느냐 하는 질문에는 한두 가지 일률적인 답을 하기 어렵다. 그래도 굳이 얘기하자면, 동어반복 같지만 일을 잘하려면 일을 잘 알아야 한다.

전쟁과 전투의 차이는 대부분 잘 알 것이다. 운동선수로 치면 전투는 한 판의 시합 같은 것이고, 전쟁은 올림픽이나 선수권대회 같은 것이다. 전투에서 이기는 것이 전쟁에서 승리하는 것은 아니다. 대회에서 우승하기 위해서 또는 전쟁에서 승리하기 위해서 모든 시합과 전투를 다 이겨야 할 필요는 없지만, 그래도 꼭 이겨야 할 시합과 전투는 이길 실력을 갖춰야 한다. 일단 힘과 스피드를 키우고, 사용하는 무기를 능숙하게 다루고, 상대의 공격을 재빠르게 막고 피하면서 상대에게 결정적인 타격을 입힐 수 있는 기술을 갖추는 것이다. 그런데 그 기술은 사람마다, 하는 일마다 다르다. 운동선수는 각 종목에 필요한 도구, 음악가는 악기, 기술자들은 여러 가지 직종에 맞는 도구들을 우선 익혀야 할 것이다.

만약 HR컨설턴트라면, IT 및 통신기기와 관련된 소프트웨어, 통계학과 조사분석 방법, 그리고 경영학 분야별로 기본적인 이론들이 도구에 해당한다. 더 나아가 투입되는 프로젝트의 고객이 속한 산업에 대한 지식을 많이 알면 많이 알수록 유리하다. 어느 정도는 이미 갖고 있는 기술들이고, 부족하다 싶으면 더 공부하거나 각 분야마다 코치, 강사, 선생님이 있으니까 맞는 선생님을 찾아 배우면 된다. 관련 분야의 최신 정보와 학계 논문 등을 읽고 계속 업데이트할 필요도 있다.

일을 잘하기 위해 알아야 할 일의 내용은 개별 전투에서 이기기 위한 방법과 같다. 한 사람이 모든 것을 알 수도 없고, 가르칠 수도 없으며, 그럴 필요도 없다.

그렇지만 전투가 아니라 전쟁에서 승리하는 것은 다른 얘기다. 《손자병법(孫子兵法)》이나 클라우제비츠(Carl Phillip Gottlieb von Clausewitz)의 《전쟁론(Vom Kriege)》은 그런 내용을 다룬다. 운동선수가 시합 한두 번이 아니라 대회에서, 그것도 여러 대회에서 꾸준히 우승하는 데에는 필요한 태도, 방법, 마음가짐이 있다. 직장에서도 과제 하나를 잘 수행하는 것이 아니라 꾸준히 일을 잘하고 계속 성장하는 사람이 되기 위해 알아야 할 것들이 있다. 지금부터 일에 대해 얘기할 내용은 그런 것들이다.

《손자병법(孫子兵法)》은 동서고금을 통틀어 최고의 전략서로 평가받는데, 칼이나 창, 활을 다루거나 말을 타고 노를 젓는 법을 다루지 않는다. 대신 '도천지장법(道天地將法)'에 대해 얘기한다.

도(道)의 핵심은 상하가 일심동체가 되어야 한다는 것이니까 요즘으로 따지면 조직의 미션과 비전이라고 할 수 있고, 천(天)은 기후와 날씨의 변화에 대한 것이니까 거시적 환경의 변화를 다루는 것이고, 지(地)는 싸움터의 지형과 거리에 관한 것이니까 해당 조직을 둘러싼 미시적 경쟁 환경을 다루는 것이고, 장(將)은 장수의 능력과 지혜, 용기, 위엄 등에 관한 것이니까 리더십을 다루는 것이고, 법(法)은 군대의 제도와 규정, 병참 등을 다루는 것이니까 조직관리, 효율적 운영을 위한 체계와 제도 등에 관한 것이다.

《손자병법》에서 가장 중요하게 생각하는 것은 전쟁을 치르지 않고 목적을 이루는 것이다. 전쟁은 비용이 많이 드는 최후의 수단이다.《손자병법》의 내용을 일에 대입해보면 일의 목적, 일을 둘러싼 여러 가지 환경, 일에 임하는 마음가짐, 일을 진행하는 규칙이나 루틴 등을 생각해볼 수 있다. 그리고 전쟁을 치르지 않고 목적을 이루는 것처럼, 쓸데없는 일을 하지 않고 되도록 일을 적게 하면서 또는 행복하게 일하면서 목적한 바를 이루는 것이 중요한 지향점이 될 것이다.

나를 대하는 방법이나 남을 대하는 방법과 마찬가지로, 일을 대하는 방법도 세 가지로 정리할 수 있다. 첫째, 일 자체를 사랑하라. 둘째, 일을 잘 따져서 하라. 셋째, 일을 짜임새 있게 하라. 각각 손자병법의 도(道), 천(天)과 지(地), 장(將)과 법(法)에 해당한다고 볼 수 있다.

나. 일의 도(道)

일의 주인이 될 것인가, 노예가 될 것인가

일은 무엇이고, 일의 도(道)는 무엇일까? 나는 일이 '세상을 움직이는 것'이라고 생각한다. 사람들은 밥벌이를 위해 하고 싶지 않아도 억지로 해야 하는 것을 '일'이라 생각하고, 그렇지 않은 것은 굳이 일과 구분해서 '놀이'라고 하기도 한다. 그러나 똑같은 일을 어떤 사람은 밥벌이를 위해서 하고, 어떤 사람은 즐거움을 위해서 한다. 밥벌이를 위해서 할 때도, 어떤 사람은 즐겁게 하고 어떤 사람은 억지로 한다. 밥벌이에 대한 걱정이 전혀 없는 사람도 하루 종일 아무것도 하지 않고 빈둥대기만 하지는 않는다. 일을 밥벌이와 엮어서 생각하거나 일을 참고 억지로 하는 것이라고 보면 지나친 개념 축소다. 일을 일의 대가와 떼어서 생각하지 못한 결과다.

일의 도는, 일을 일 자체로 사랑하는 것이다. 즉, '진인사대천명(盡人事聽天命)'이다. 일의 결과는 하늘의 몫이다. 일의 결과에 조급해하고 일의 모든 국면에서 대가와 결부시켜 판단하고 결정하는 것은, 일 자체를 사랑하는 것이 아니다. 물론 일의 대가를 완전히 무시하라는 말이 아니다. 여러 가지 이유로 일의 대가는 중요하다. 그러나 마치 꼬리가 몸통을 흔드는 것처럼 일의 대가가 맨 앞을 차지하면 일 자체의 목적이 희미해지고, 일 자체의 논리와 효율성도 뒤틀리고, 일의 즐거움은 사라진다. 일이 밥벌이를 위해 억지로 하는 것이 되어버린다.

예전에 취미로 아마추어 오케스트라 활동을 한 적이 있다. 거기서 만난 친구들이 이런 농담을 했다. 음표 하나를 연주할 때마다 바이올린 연주자는 10원, 20원 하면서 연주를 하고, 첼로 연주자는 100원, 200원 하면서 연주를 하고, 금관악기 연주자는 1000원, 2000원 하면서 연주를 하는데, 팀파니 연주자는 만 원, 10만 원 하면서 연주를 한다는 것이다. 한 무대에서 연주해야 하는 음표의 숫자에 관한 그들만이 할 수 있는 농담이다. 누가 더 고생을 많이 한다는 그야말로 우스갯소리다. 그런데 실제로 음악가들이 연주를 할 때, 모든 음표를 돈으로 환산해서 세면서 연주한다고 생각해보자. 연주에 몰입할 수 있을까? 연주가 제대로 될까?

연주하는 즐거움을 느낄 수 있을까? 축구선수도 마찬가지로 공을 찰 때마다 돈을 세지 않을 것이고, 화가도 붓질을 할 때마다 돈을 세지 않는다.

상인은 어떨까? 물건을 하나 팔 때마다 자신에게 남는 이윤이 얼마나 되는지를 제일 먼저 따지는 상인과, 고객에게 좋은 쓰임새가 있는 물건을 소개하고 맺어주는 데서 즐거움을 느끼고 거기에 정성을 다하는 상인이 있다면, 어느 쪽이 더 즐겁게 일하고 결과가 더 좋을까? 아무래도 후자가 즐겁게 일하면서 최선을 다하고, 결과도 더 좋을 것이다. 일의 주인이 되느냐, 일의 노예가 되느냐 하는 차이가 여기서 생긴다. 어차피 하는 일이라면 노예가 되는 것보다 주인이 되는 것이 낫다.

물론 즐거움을 느낀다는 것이 전적으로 개인의 의지에 따라 좌우할 수 있는 것은 아니다. 사람마다 즐거움을 느끼는 지점이 다르고 즐거움을 느끼는 정도도 다르다. 개인의 성향이 영향을 미친다. 그래서 하는 일이 무엇이든 무조건 즐거움을 느끼라고 하는 것은 어불성설이다. 하지만 이왕이면 즐거움을 느낄 수 있는 일을 할 수 있도록 선택하는 것은 가능하다.

요즘은 사람들이 자기가 하고 싶은 일을 하는 것이

아니라 남들이 정해 놓은 순서대로 선택하는 것 같다. 대학을 고르는 것처럼 일에도 정해진 순위가 있고, 자기 학벌이나 성적, 부모의 기대, 경제적 여건 등에 따라 자기가 닿을 수 있는 맨 꼭대기의 일을 하는 것이 당연하다고 여긴다. 자기가 하고 싶은 일을 남들이 정해주는 격이다. 그 일이 자기에게 맞는지, 그 일에서 재미나 보람을 느끼는지 생각하지 않는다. 따지는 것은 오로지 경제적 이익이고, 쌓이는 것은 스트레스다. 지치고, 재미도 없고, 억지로 한다는 느낌이 들어도 이왕 시작한 일은 쉽게 되돌릴 수 없다. 그러다 보면 일 자체보다는 일 밖에서 즐거움을 찾게 되는데, 그것이 그나마 노예보다 나은 점이다.

스티브 잡스(Steve Jobs)가 스탠포드대학교(Stanford University) 졸업식에서 한 연설 중 사람들은 "끊임없이 갈망하고, 늘 우직하라!(Stay Hungry. Stay Foolish.)"라는 구절을 기억한다. 그 연설에서 스티브 잡스는 이런 말도 했다. "여러분이 사랑하는 사람을 찾는 것처럼 사랑하는 일을 찾아야 합니다. 진정한 만족을 얻을 수 있는 유일한 방법은 여러분이 대단하다고 믿는 일을 하는 겁니다. 그리고 대단한 일을 하는 유일한 방법은 당신이 하는 일을 사랑하는 겁니다". 그의 말처럼 사랑하는 일을 찾는 것이 제일 좋겠지만, 그러지 못했다면 하고 있는 일을 사랑하는 것도 방법이다. 지금 하고 있는 일에서 지금보다 더 보람과 즐거움을 느낄 방법이 있다면, 시도해봐야 할 것이다.

성당을 짓는 공사 현장의 세 벽돌공 얘기가 있다. 지금 무슨 일을 하고 있냐고 물으니까 첫 번째 사람은 지긋지긋하게 벽돌을 쌓고 있다고 하고, 두 번째 사람은 성당 건물을 짓고 있다고 하고, 세 번째 사람은 사람들의 영혼을 하나님께 인도하는 데 도움되는 일을 하고 있다고 대답했다는 얘기다. 하고 있는 일이 궁극적으로 어디로 연결되는지 의미를 찾고 깨닫는 사람은 적어도 그 일을 지긋지긋하게 느끼지는 않는다.

그런데 일 자체보다 일의 대가에 먼저 신경을 쓰는 사람은 쌓은 벽돌을 하나하나 셀 수밖에 없고, 그러다 보면 지겨워질 수밖에 없다. 일은 곧바로 노역이 된다.

본질적으로 일은 나와 세상을 연결하는 것이고, 크든 작든 세상에 변화를 가져오는 것이다. 일 자체를 사랑한다는 것은 그 의미를 찾고 깨닫고 그것을 소중하게 여기는 것이다. 그래서 일이 즐겁게 느껴질 수 있다. 다시 말해서 일의 의미를 깨닫는 것이 행복하게 일하는 비결이다. 그리고 일을 잘할 수 있는 비결이다.

물론 세상에는 무의미하거나 나쁜 일도 있다. 모든 일에서 의미를 찾을 수 있는 것은 아니다. 범죄자들을 빼면 사람들이 일부러 세상에 나쁜 일을 하지는 않을 것이다. 그러나 결과적으로 세상에 나쁜 영향을 끼치는 일은 생길 수 있다. 일이 세상에 변화를 가져오는 것인데, 그 변화가 일종의 연쇄반응을 일으킨다. 한 가지 영향을 미치면 그것이 또 다른 곳에 영향을 미치고 그렇게 계속 이어지다 보면, 애초에 좋은 의도였다고 해도 결과적으로 좋지 않은 경우도 생긴다.

그런 일이 인류 역사에서 수도 없이 많이 있었다. 어차피 인간의 지식과 지혜는 제한적이고 시행착오를 겪으면서 조금씩 발전한다. 그래서 일의 의미를 안다는 것은 자기가 한 일이 궁극적으로 어디로 연결되는지 최종 결과를 아는 것이라기보다는 어떤 지향과 의도를 가지고 일을 한다는 뜻일 것이다. 그러면 시행착오가 생기더라도 거기서 배우고 고치고 새로운 시도를 하게 된다. 잘해보려다 실수하거나, 좋은 의도로 한 일이 나쁜 결과를 가져오는 경우도 있겠지만, 일의 의미를 잘 알고 원래 의미에 맞게 최선을 다하는 사람은 끊임없이 배울 수 있다. 배우지 않는 사람에 비해 더 성장하고 궁극적으로 더 좋은 결과를 낼 가능성이 크다.

즉, 일의 의미를 알면, 일의 결과도 좋다고 단정적으로 얘기하는 것이 아니라 확률적으로 좋은 결과를 낼 가능성이 크고, 또 한 시점에 끝나는 것이 아니라 점점 더 나아질 수 있다는 것이다. 또 일의 결과는 사람이 하는 일과 사람으로서 통제할 수 없는 여러 가지 요인들이 합쳐져서 나오는데, 우리는 일 자체에 최선을 다하는 수밖에 없다. 최선을 다하지 않았다면 반성해야 하고, 최선을 다했는데도 일의 결과가 좋지 않다면 마냥 낙담할 것이 아니라 거기서 뭔가를 배워야 한다.

그런데 일의 의미가 아니라 일의 대가를 앞세우게 되면 그 반대가 된다. 결과가 좋으면 머무르게 되고, 결과가 나쁘면 가라앉거나 표류한다. 반성과 배움이 없으니까 그 일에서 크게 성장하지 못한다.

최선을 다하고 그 이후의 결과에 대해서는 담담하게 받아들이고 싶어도, 조그만 결과의 차이가 나중에 돌이킬 수 없는 더 큰 차이로 이어진다고 생각하면 불안해진다. 불안하니까 작은 차이에 더 연연할 수도 있고, 차이에 연연하다 보니까 더 불안해질 수도 있다.

그렇다면 그 결과의 차이가 우열이나 순서의 차이가 아니라 그야말로 '다름(Difference)'이라고 생각해보자. 돌이킬 수 없는 더 큰 차이도 다양한 여러 가능성 가운데 남들이 흔히 가지 않는 새로운 길을 갈 가능성이라고 생각하는 것이다. 그 새로운 길은 남들이 흔히 가는 길과 비교해서 더 낮거나 더 못한 것이 아니라 그야말로 다른 길이다. 지금 하는 일에 의미를 부여하고 최선을 다한 결과, 내가 발견하고 선택하고 얻게 되는 다른 길이다. 그렇다면 막연한 불안보다 가슴 두근거리는 설렘을 가져도 되지 않을까? 어린아이들은 매일 아침 오늘은 또 무슨 일이 생길까, 어떤 재미있는 일을 하게 될까 하는 설렘을 갖는다. 그런데 나이가 들면 미리 정해져 있지 않은 일, 알 수 없는 일을 맞닥뜨리는 것을 점점 더 불안하게 느끼는 것 같다.

일의 대가보다 본질에 들어가서 최선을 다하는 것

그리스어에 '메토도스(methodos)'와 '아포리아(aporia)'라는 말이 있다. '나중에, 후(後)에'라는 의미의 'meta(메타)'와 '길'을 뜻하는 'hodos(호도스)'가 합쳐진 '메토도스'는 이미 잘 닦여 있어서 나중에 누구나 쉽게 찾아갈 수 있는 길을 의미한다. 한편 '아포리아'는 앞에 벽이 가로막힌 것과 같은 난관을 뜻하는데, 사막에서 길을 찾는 것처럼 답이 보이지 않는 상태를 말한다. '메토도스'에서는 성공적인 삶의 방식과 길이 잘 나타나 있는 지도가 필요하지만, '아포리아'에서는 지도가 전혀 역할을 할 수 없다.

밤에 바람이 불면 있었던 길이 없어지고 완전히 새로운 지형이 만들어진다. 여기서는 지도 대신 나침반이 필요하다. 얼마나 걸릴지, 어디에 닿을지 알 수 없지만, 나침반을 들고 묵묵히 그리고 꾸준히 걷는 자가 결국 목적지에 도달한다.

요즘은 뷰카(VUCA) 시대라는 말처럼 메토도스보다는 아포리아에 가까운 것 같다. 일의 의미가 나침반의 역할을 한다. 묵묵히 걷는 것은 일 자체에 집중해서 온 힘을 쏟는 것과 같다. 사막에서 길이 보이지 않는다며 안절부절해봐야 소용없듯이, 눈앞의 사소한 차이에 지나치게 신경을 쏟으며 길을 바꾸기 때문에 길을 잃는다.

사소한 차이 자체가 길을 잃게 만드는 것이 아니다.

앞에서 얘기한 항공사 수석사무장을 했던 친구가 비행기 승무원이라는 직업을 택했다는 것은, 1980년대 초반 당시에는 개척자라고 하기에는 어려웠다. 그러나 그 일을 하면서 보인 태도와 행동은 메토도스의 길이 아니라 개척자에 해당하는 일이었다. 그 친구는 비행기 안에서 모든 승객들의 즐거움과 편안함이 자기 어깨에 달려 있다고 생각할 때의 긴장감이 정말 좋았다고 했다. 그것이 자기가 하는 일의 의미가 되었다.

우리나라 근로자들이 한참 중동에 파견되어 건설 노동자로 일하던 시절이 있었다. 친구는 그들이 중동으로 가는 비행기에서 막연한 두려움으로 긴장하고 불안해하던 모습과 몇 년간의 근무를 마치고 한국으로 돌아올 때 안도하면서 기뻐하던 모습, 그 눈빛들이 지금도 잊히지 않는다고 했다. 갈 때의 모습을 보고는 섭씨 45도의 열기와 휘몰아치는 모래바람 속에서 가족과 떨어져 고생할 그들과 함께 안타까움을 느꼈고, 돌아올 때의 모습을 보고는 그들이 겪은 고생에 대한 연민과 무사하고 건강한 모습에 자랑스러움이 느껴졌다는 것이다. 그래서 비행기 안의 좁은 공간이지만 그들을 위해 최선을 다하고 싶었고, 물 한 컵을 전해줄 때도 정말 정성을 다했다는 것이다.

나는 그 친구의 현역 시절 인생이 참 좋은 인생이었다고 생각한다. 승객의 자리가 편안한지 챙기고, 물 한 컵을 전해줄 때도 정성을 다하는 그 생생한 느낌이 지금도 기억난다는 것은, 그 일을 할 때 돌아올 대가나 보수에 신경 쓰느라 급여표에 찍힌 숫자들만 남을 인생에 비하면 훨씬 좋은 것이다. 일의 대가보다 일의 본질에 들어가서 최선을 다했기에 얻을 수 있는 것이다.

"일이 곧 나"라는 말이 있다. 내가 재미있고 창조적이고 세상에 도움이 되는 일을 하고 있다면, 내가 재미있고 창조적이고 세상에 도움이 되는 사람인 것이다. 내가 지긋지긋하고 단조롭고 세상에 쓸모없는 일을 하고 있다면, 내가 지긋지긋하고 단조롭고 세상에 쓸모없는 사람이 되는 것이다. 내가 어떤 사람이 되고 싶은가에 따라 일을 잘 선택하고, 선택한 일을 그렇게 만들어 가는 것이 정말 중요하다.

세상에 도움되면서 재미있고 창조적인 일은 많지 않고, 재미없고 창조적이지 않은 일도 누군가는 해야 하니까 대가를 두둑하게 주면서 유인하는 것이라고 생각할 수 있다. 그렇지만 그런 대가나 보상이 실제로 생산성을 올리고 가치를 키우는 데 긍정적인 작용을 하는지에 대해서는 많은 문제 제기가 있다. 성과와 보상에 대한 연구 가운데 내재적 성취 동기가 강할수록 실제로 더 성공한다는 자료가 많다. 성과를 내려면 동기부여가 되어야 하는데, 일의 성패를 좌우하는 것은 주로 내재적 성취 동기의 역할이고, 급여나 복지와 같은 외재적 성취 동기는 오히려 내재적 동기를 비활성화시킨다는 것이다.

금전적 보상 외에도 타인들의 평가, 명성, 존경의 획득 등은 모두 외재적인 것이다. 유튜브 활동으로 유명한 앤드류 후버만(Andrew Huberman)이라는 뇌과학자는 심지어 보상을 바라는 것은 망하는 길이라고 얘기한다. 뇌에 작용하는 도파민이 시간에 대한 인식을 조절하기 때문에 나중에 주어지는 보상을 위해 어떤 일을 하면, 힘든 일은 더 힘들게 느껴지고 그 일에 집중하기가 더 어려워진다는 것이다. 당연히 일의 결과도 좋아지지 않을 것이다. 심지어 트로피나 점수, 성적, 보너스 등을 자신에게 셀프로 주는 것처럼, 스스로 매기고 스스로 부여하는 보상조차도 도파민이 하는 역할을 바꾸지 못한다고 한다. 유일한 해결책은 웨이트 트레이닝을 하는 운동선수처럼, 그 일을 할 때의 노력과 고통 등에 대해서 "이건 좋은 거야. 난 이런 걸 좋아해."라고 되뇌면서 무조건 집중하는 것이다. 그렇게 집중하고 몰입하다 보면 고통은 잊고 일종의 쾌감을 느끼게 된다. 그때 일의 결과도 최고가 될 수 있다.

그런데 돈과 같은 단기적 보상과 자부심이나 지속적인 발전과 같은 장기적 보상이 같은 방향으로 움직이지 않을 때, 사람들은 단기적인 쪽에 더 크게 좌우된다. 눈앞의 나뭇잎이 흔들리는 것을 저 멀리 떨어진 곳에서 연기가 솟아오르는 것보다 더 큰 문제로 느낀다. 눈앞의 결과와 보상에 신경을 쓰다가 정작 중요하고 큰 것을 놓친다.

한편 보상의 절대적 수준이 아니라 보상에 결부된 공정성과 자부심에 끼치는 영향을 더 중요하게 여기는 사람들도 있다. 받은 보상이 상대적으로 공정한지, 너무 많거나 혹은 적어서 받는 자신을 부끄럽게 만들지 않는지 등의 생각이다. 자신의 노력에 대한 합당하고 충분한 인정을 보상의 형태로 확인하고 싶은 것이다. 일을 시키려면 돈만 주면 된다는 생각은 사실과 다르고 잘못된 것이다.

일을 하는 입장에서 일 자체보다 자꾸 일의 결과와 보상에 더 신경이 쓰이는 이유는, 자기가 신경 쓰지 않아도 보상이 공정하게 주어질 것이라는 믿음이 단단하지 않기 때문이다. 그 믿음의 차이가 일 자체에 집중해서 최선을 다하고, 일의 본질적 의미에 충실하는 정도를 가름한다. 그러므로 그 믿음이 가능한 조직이나 사회와 가능하지 않은 조직이나 사회 사이에 성과의 차이가 클 수밖에 없다. 그래서 리더들은 자기가 이끄는 조직과 사회를 공정하고 신뢰가 넘치게 만들 책임이 있다. 일을 하는 사람의 입장에서는 더 신중하게 공정한 보상을 위해 노력하는 기업이나 조직을 선택하고, 일단 선택한 후 일을 할 때는 오히려 그 부분에 대한 관심을 최소화하는 것이 더 나은 방법이다.

일을 사랑하고 일에 생명을 불어넣는 것

넷플릭스 드라마 '코민스키 메소드(The Komisky Method)'에서 주인공이자 70대 연기학원 선생으로 나오는 마이클 더글라스(Michael Douglas)는 연기에 대해 이렇게 말한다.

> "연기가 뭘까? 연기를 한다고 할 때 연기자라는 사람들이 뭘 하는 걸까? 어떻게 보면 간단해. 가장하는 거지. 척하는 거야. 하지만 무슨 일이 벌어지는지 좀 더 깊게 보려면 생각을 좀 해야 해. 여기서 벌어지는 일은 그 배우가 신처럼 군다는 거야. 신이 하는 일이 뭐야? 창조하지. '여기에 세상이 있어라' 하면 '짠' 세상이 나타나. '생명이 있어라' 하면 또 '짠' 생명이 나타나. '죽음이 있어라' 하면 '짜잔!' 어둠. 어둠이 돌아와. 이게 무슨 뜻이지? 어떻게 하면 이 정보를 우리가 하는 작업에 녹일 수 있을까? 연기자 동료 여러분. 답은 바로 신처럼 창조물을 사랑하라는 거다. 창조물에 생명을 불어넣고 개성, 희망, 꿈, 치명적 허점까지 부여하는 거야. 그다음. 그다음에는 놓아줘야 해. (한참 뜸을 들이다) 왜냐면 결국 진정한 사랑은 놓아주는 거니까."

일도 그렇다. 연기에 대해서 그가 하는 말은 일에 대해서 내가 하고 싶은 말과 정확하게 일치한다. 우리는 일을 사랑하고 일에 생명을 불어넣어야 한다. 그리

193

고 세상에 내보내는 것이다. 자녀를 키워서 어떤 보상을 바라는 것이 아니라 자녀가 자라는 과정에서 기쁨을 얻고 자녀에게 최선을 다하는 것으로 충족감을 느끼는 부모의 마음처럼 일을 그렇게 하면 된다. 그러면 일을 하면서 행복할 뿐 아니라 일의 성과도 훨씬 더 나아질 수 있다. 우리는 할 수 있는 일에 집중해야 하기 때문이다. 일은 내가 하는 것이지만, 일의 결과를 평가하거나 그에 따른 보상을 결정하는 것은 내가 할 일이 아니다. 너무 많은 관심과 주의를 빼앗길 필요가 없다.

할리우드의 유명한 프로듀서인 새뮤얼 골드윈(Samuel Goldwyn)은 "더 열심히 일하면, 더 좋은 운이 찾아온다."는 말을 했다. 우리가 살아가는 세상에서 모든 것을 우리가 통제할 수 없기 때문에 우리의 노력은 확실한 결과를 보장하는 것이 아니라 조금 더 큰 가능성을 뜻할 뿐이다. 거꾸로 생각하면 실패했을 때 모든 것을 자기 탓으로 돌릴 필요도 없고 주저앉을 이유도 없다는 뜻이기도 하다. 그저 운이 좀 덜했던 것뿐이다. 쉽게 좌절하지 말고, 쉽게 싫증내지 말고, 묵묵히, 꾸준히 나아가면 된다.

요즘은 직장을 옮기거나 아예 커리어를 바꾸는 것에 대해서 사람들이 과거보다는 훨씬 덜 부정적으로 여기게 되었다. 그러나 한 가지 생각해봐야 할 측면이 있다. 미래에 대한 의사결정을 할 때 과거에 이미 치른 비용은 매몰비용이기 때문에 고려 대상에서 빼는 것이 맞다. 그렇지만 새로운 일을 준비하고 사람들과 조직에 적응하기 위해 들이는 시간과 노력이 얼마나 힘들고 값비싼 것이었는지 잊어버려서는 안 된다. 그런 준비 비용 또는 적응 비용을 제대로 고려하지 않는 경우가 많다. 직장을 옮기거나 직무를 바꾸고 나서 곧바로 자신의 능력을 완전히 발휘할 수 있는 사람은 많지 않다. 시간과 비용과 노력이 필요하다.

그런데도 새로운 시도와 도전을 응원한다면서 사실은 쉽게 좌절하고 쉽게 싫증을 내서 습관적으로 포기하는 것을 부추기고 있는지도 모른다. 새로운 시도를 위한 노력은 응원 받아야 하지만, 반드시 치러야 할 비용의 누락이나 지나치게 낙관적인 전망으로 이어지는 것은 곤란하다. 현실적이고 냉철한 사람들은 그렇게 하지 않는다.

한편 자기가 하는 일에서 재미와 의미를 찾고 가치

를 부여하는 것도 습관으로 만들 수 있다. 그런 습관을 가진 사람들은 일의 결과에 확신을 갖는 것이 아니라 그 일이 무엇인가에 도움이 될 것을 믿고 꾸준히, 묵묵히 하는 것이다. 일희일비하지 않고 쉽게 흔들리지 않는다. 그러다 보면 그 일을 둘러싼 여러 가지를 더 넓게 파악하게 되고 일이 더 능숙해지기 때문에 결국에는 더 좋은 결과가 나올 수 있다. "나는 이게 좋아. 나는 이런 걸 좋아해."라고 스스로를 계속 세뇌하는 것이다. 앤드류 후버만이 권하는 방법이다.

체육관에서 꾸준히 운동하는 사람이 살이 빠지고 몸이 더 건강해질 것을 믿듯이, 내가 하는 일이 이웃과 사회에 도움이 될 것을 믿고 자부심을 가지면서 일을 하는 것이다. 하루하루 힘들고 지루한 것은 게임하듯이 적당히 도전적인 목표를 세우고 그것을 조금씩 달성하는 데 재미를 느껴보자. 너무 크고 멀리 있는 목표만 생각하면 진이 빠지고 좌절하기 쉬우니까.

다. 일의 천(天)과 지(地)

일을 잘 따져서 하기 - 왜요?, 지금요? 제가요?

일을 대하는 두 번째 방법은, 일을 잘 따져서 하는 것이다. 돈을 현명하게 쓰려면 꼭 필요한 곳에 쓰고, 필요 없는 곳에는 낭비하지 않아야 한다. 그리고 돈을 쓸 때는 효과와 효율을 따져서 쓴다. 일도 마찬가지다. 해서 효과가 있는 일을 하고 해봐야 소용없는 일에 시간과 노력을 낭비하지 않아야 한다. 해봐야 소용없는 일이란, 통제 가능하지 않고 결과가 검증 가능하지 않은 일이다.

예를 들면, 논농사를 짓기 위해서는 날씨의 도움이 필요하다. 그런데 날씨를 바꾸기 위해 기우제를 지내는 것은 통제 가능하지 않고 검증 가능하지 않은 일이다. 그보다는 날씨에 영향을 받지 않도록 저수지를 만들고 물길을 정비하는 것이 낫다. 그러나 날씨에 영향을 미쳐 바꿀 수 있는 현대적 기술을 개발하는 것은 통제 가능하고 검증 가능한 일이다. 이처럼 상황과 맥락에 따라서 해서 소용 있는 일과 해봐야 소용없는 일이 달라진다.

또 효과가 있는 일을 효율적으로 해야 한다. 축구선수의 예를 들어보자. 패스를 받을 위치가 아닌데 공도 없이 열심히 뛰기만 하는 선수와 상대 선수들이 밀집한 곳에서 볼을 오래 끌면서 멋진 드리블을 보여주는 선수, 그리고 뛰어들어가는 같은 편 스트라이커의 발 아래 한 번에 정확하게 패스해주는 선수가 있다면, 감독의 입장에서 누가 제일 믿음직스러울까? 첫 번째 선수는 누가 봐도 아니고, 두 번째 선수는 관중들의 호응을 얻을지는 모르지만 빨리 패스하라는 감독의 호통을 들을 것이다. 이처럼 일을 많이 하거나 남 보기 좋게 화려하게 한다고 해서 진인사(盡人事)라고 할 수 없다. 잘 따져서 간결하게 하는 것이 더 진인사에 가깝다.

'3요?'라는 말이 오르내린다. 상사가 일을 시키면 "왜요? 지금요? 제가요?"라고 되묻는 신입사원들을 비꼬는 얘기다. 그런데 그 '3요?'가 사실 일을 제대로 따지는 핵심이다.

먼저 "왜요?"라고 묻는 것은, 꼭 해야 할 일인가, 즉 리즈닝(reasoning)을 따지는 것이다. 이 일이 상위목표에 부합한 것인지, 정당하고 꼭 필요한 일인지, 하지 않으면 안 되는 일인지를 묻는 것이다. "지금요?"는 타이밍(timing)에 관한 것이다. 절차적 정당성을 갖추고 있는가? 일을 하기 위한 환경이 성숙하고 조건이 부합하는가? 시기적으로 적합한가를 묻는 것이다. "제가요?"는 포지셔닝(positioning)에 관한 질문이다. 다른 사람이 아닌 내가 다른 일이 아닌 이 일을 하는 것이 가장 효율적인가? 역할 분담이 공정하게 이루어져 있고 동료들과 협력할 수 있는지 묻는 것이다.

신입사원들이 그런 질문을 하는 것은 잘못된 것이 아니라 꼭 필요한 질문을 하는 것인지도 모른다. 문제는 그 질문들을 자신에게 하지 않고 남에게 따지듯이 하는 데 있다. 상사가 이 질문들에 답을 제대로 하지 않으면 나는 일을 하지 않겠다는 암묵적인 선언처럼 되어서는 곤란하다. 스스로 질문해서 답을 구해야 한다. 상사에게 하는 질문도 스스로 답을 찾기 위해 도움을 구하는 것이 되어야 한다. 어쨌든 '3요?'가 사람들 입에 회자되는 것은 리즈닝, 타이밍, 포지셔닝을 제대로 갖추지 못한 채 일을 시키고 일을 진행하는 경우가 많기 때문일 것이다.

일을 잘 따져서 하기 1 - '3요?' 중 왜요?(리즈닝)

우선 리즈닝에 대해 생각해보자.

일을 하기 위해서는 일을 하는 이유가 무엇인지, 무엇을 위해서 하는 것인지, 어느 수준의 목표를 달성하고자 하는 것인지 알아야 한다. 또 그 목표는 그다음에 무엇을 위한 것인지 최소 두 단계 위의 상위목표에 부합해야 한다. 그리고 그 일을 제대로 하지 않으면 어떤 부정적인 결과가 생길 것인지에 대해서도 알고 있어야 한다. 일을 해야 하는 이유가 분명하면 그다음엔 일을 잘하기만 하면 된다. 엉뚱한 일이나 문제가 있는 일을 잘하는 것은 그 일을 하지 않는 것만 못하다.

흔히 목표를 높게 세우라는 얘기를 많이 한다. 내 생각에 높은 목표는 경우에 따라 도움이 되기도 하지만, 모든 경우에 꼭 그래야 할 필요는 없다. 실무를 할 때는 해야 할 일 속에 도달해야 할 목표가 정해져 있는 경우가 많기 때문에, 스스로 별도의 목표를 정하더라도 주어진 목표에 어긋나거나 동떨어진 내용이 될 수 없다.

목표를 높게 세우라는 것은, 최종적으로 도달하는

수준을 높이고자 하는 것이다. 지나치게 과도한 목표를 비현실적으로 세우고 그것에 집착하면 합리적이지 않은 방법을 동원하거나 중간에 포기할 가능성도 커진다. 물론 하나 마나 한 목표를 세워서 그럭저럭 해내는 것을 좋아하는 습관은 독이다. 중요한 것은 한번 정한 목표는 반드시 달성해내는 습관이다. 그러기 위해서는 무조건 높은 목표보다는 합당한 목표, 꼭 해내야 하는 이유가 분명한 목표가 낫다. 한번 목표를 달성하는 것이 끝이 아니기 때문이다. 설정한 목표를 달성하고 나면 새로운 목표를 세우고 다시 앞으로 나아가야 한다.

리즈닝이 제대로 되지 않는 이유는, 왜 해야 하는지 모른 채 해야 하니까 한다는 자세로 일을 하기 때문이다. 잘못된 편향(Bias)이 리즈닝을 삭제해버린다. 원래 편향은 빠른 판단을 통해 생존에 도움을 주기 위한 인지적 습관이다. 그런데 달라진 환경에서 생존에 아무런 도움을 주지 않거나 오히려 해가 되는데도 과거의 습관이 그냥 나올 수 있다.

예를 들어, 나와 다른 의견에 대해 깊이 생각하지도 않고 틀렸다고 단정하거나, 기대값이 높은 대안을 고르는 대신 매몰비용에 사로잡혀 하지 말아야 할 일을 계속하는 것이다. 편향의 종류와 내용에 대해 설명하는 좋은 책들이 이미 많이 나와 있기 때문에 여기서 하나하나 설명하지는 않겠다. 그런데 일을 해야 하는 이유와 목표를 분명히 해 두는 리즈닝의 습관은 그런 편향이 작동하는 것을 막아준다. 일과 목표를 연결 짓는 것만으로도 무의식의 작동을 멈추고 의식을 깨우는 것이다.

일을 잘 따져서 하기 2 - '3요?' 중 지금요?(타이밍)

다음은 타이밍이다.

일의 타이밍을 잘 맞추지 못하는 것은, 일을 할 때가 아닌데 섣부르게 하거나 일을 해야 할 때 하지 못하고 놓치거나 둘 중의 하나다. 등산을 하려는 사람이 있다고 치자. 큰 길을 쭉 가다가 옆으로 난 등산로를 잘 찾아서 올라가야 하는데, 등산로 전의 샛길을 택하거나 등산로를 놓친 후 엉뚱한 길을 착각해서 올라가면 잡목이 빽빽한 곳을 억지로 헤치고 가거나 급경사, 낭

떠러지 등을 만날 수 있다. 위험하기도 하고 시간도 훨씬 많이 걸리고, 오르고자 했던 목표지점에 끝내 오르지 못할 확률도 훨씬 높아지는 것이 당연하다.

찰스 핸디(Charles Handy)라는 영국의 경영학자가 1990년대에 쓴 《텅 빈 레인코트(The Empty Raincoat)》라는 책에 비슷한 얘기가 나온다.

어떤 아일랜드 사람이 여행을 하다가 '데비네 술집(Devy's Bar)'으로 가는 길을 그 동네 사람에게 물어보니까 "이 길로 쭉 가다가 술집보다 반 마일쯤 전에 오른쪽으로 꺾어서 언덕을 올라가면 보일 거요."라고 답했다. 뭔가 이상하지 않은가? 술집이 어딘지 몰라서 가는 길을 물었는데, 술집보다 반 마일쯤 전이 어딘지 알 방법이 없다. 바로 그것이 함정이다. 이 얘기의 교훈은 뒤돌아보기(Hindsight)를 하면 누구나 쉽게 알 수 있는 것도 앞으로 내다보기(Foresight)는 어렵다는 것이다.

제 길이 나오기 전에 먼저 샛길로 접어드는 이유는 성급해서다. 길을 놓칠까, 길이 나오지 않을까 초조한 마음이 앞서는 것이다. 반대로 길을 놓치는 이유는 너무 신중해서다. 지나치게 따지다 보니 완벽하지도 않게 알고 있는 내용에 정확하게 맞아떨어지는 것만 찾다가 놓치는 것이다.

일에서도 마찬가지다. 때가 아닌데 서두르는 사람은 '일' 자체가 아니라 '나'를 앞세우는 것이다. 마음이 초조하고 성급해서 여건이 아직 무르익지 않았는데도 지금 '내'가 하지 않으면 누군가가 먼저 하게 될 것 같고 '내'가 그 공을 차지하지 못할까 봐 서두르는 것이다. 산에 오르는 것 자체를 좋아하는 것이 아니라 남보다 먼저 오르고 싶은 욕심을 부린다. 중요한 것은 오르고 싶은 곳까지 안전하게 올라가는 것이다.

길을 자꾸 놓치는 사람은 지나친 완벽을 기하는 사람일 가능성이 높다. 《전쟁론》을 쓴 프러시아의 칼 폰 클라우제비츠는 "좋은 계획을 망치는 최대의 적은 완벽한 계획을 만들려는 꿈"이라고 했다. 노르망디 상륙작전을 성공시키고 제2차 세계대전을 승리로 이끈 조지 패튼(George S. Patton, Jr.) 장군은 "오늘 재빠르게 실행에 옮긴 좋은 계획이 내일 완벽한 계획보다 훨씬 더 좋다."고 했다. 또 미국 합참의장과 국무장관을 지낸 콜린 파월(Colin Powell)도 "30퍼센트의 정보만 있으면 결정할 수 있다. 정보가 80퍼센트를 넘는 것은 과잉"이라고 했다.

이처럼 유명한 군인들 외에도 비슷한 취지의 말을 한 사람은 많다. 19세기 영국 작가 피터 미어 래섬(Peter Mere Latham)은 "완전한 계획을 세우려는 것은 쇠퇴의 징조다. 흥미로운 발견이나 발전이 이루어지는 동안에는 완벽한 연구실을 설계할 시간이 없다."는 말을 남겼다. 우리가 일상에서 맞닥뜨리는 대부분의 의사결정은 과거의 고정된 답이 아니라 미래를 향한 답을 찾는 것이다. 따라서 인과관계에 따른 옳은 답이 아닌 불확실한 상황에서 확률적인 답을 찾는 것이다. 주어진 불완전한 정보를 바탕으로 주어진 시간 내에 가장 그럴 듯한 선택을 해야 한다. 원하는 결과가 나오지 않으면 그 결과를 바탕으로 다시 새로운 선택을 가장 그럴 듯하게 하면 된다. 조금 더 많은 정보를 모으느라 주어진 시간을 넘겼다면 이미 틀린 것이다.

자기를 앞세워서 너무 서두르지 않고, 완벽을 기하느라 너무 주저하지 않는 것만으로 정확한 타이밍을 안다고 할 수는 없다. 등산로의 문제라면 표지판을 살피거나 지도나 GPS를 잘 활용하면 된다. 그런데 때를 알아차리는 느낌은 경험과 시행착오를 통해서 각자 알 수밖에 없다. 어쩌면 아는 것이 아니라 행동하는 것이다. 잘 준비하다가 자신을 쏟아부어야 할 결정적인 순간이라고 생각되면 주저하거나 망설이지 않고 쏟아붓는 것이다. 너무 앞서 자신을 괴롭히지 말고 해야 할 일을 미루지 않으면서 그렇게 경험을 쌓으면 중요한 큰 일을 해야 할 타이밍을 맞추는 감각도 생긴다.

그리고 일에서도 표지판이나 지도, GPS 같은 도구를 써야 할 때는 잘 써야 한다. 표지판은 일의 순서나 절차적 정당성이라고 생각할 수 있고, 지도는 과거에 경험이 있는 사람들의 조언과 충고, GPS는 새로운 일에 대한 주변의 이해와 동의라고 생각하면 비슷할 것 같다. 물론 이런 것들은 100퍼센트 정확한 것이 아니다. 표지판도 바람에 방향이 틀어질 수 있고, 낡아서 글씨가 희미해질 수도 있다. 따라서 무조건 의존하는 것이 아니라 잘 참고해서 스스로 해석해야 한다.

사실 제일 좋은 타이밍은 없는 타이밍이다. 타이밍을 생각할 필요 없이 언제나 할 수 있고, 꾸준히 해야 하는 일이 있다. 물고기를 잡으려는 사람은 태풍이 부는 날 바다로 나가지 않는다. 그렇다고 아무것도 하지 않고 놀지도 않는다. 낚시도구와 그물을 수리하고 미끼를 정리한다. 태풍이 멎으면 준비가 된 사람은 남들보다 먼저 물고기를 잡으러 나갈 수 있다. 일에 있어서 좋은 타이밍이라는 것은 여건과 상황이 잘 맞느냐 하는 것이지 물리적인 시간을 의미하는 것이 아니다. 물을 흐르게 하기 위해 물이 차오를 때까지 기다릴 것이 아니라 수문을 낮출 수도 있다.

지금 할 수 있는 작은 일들이 쌓여서 여건과 상황을 바꾸고 타이밍도 바꿀 수 있다. 타이밍이 아니면 그냥 기다릴 것이 아니라 할 수 있는 일을 하면서 최적의 타이밍을 만들어야 한다. 타이밍을 맞추지 못하는 사람은 큰 것만 보느라 작은 것들을 놓쳐서 그런 경우가 많다. 큰 것은 보지 않고도 알아야 한다.

축구에서 골을 넣지 못하는 이유 중 하나가 공을 보고 정확히 차야 하는데 골대를 보느라 움직이는 공에 발을 정확히 갖다 대지 못하기 때문이다. 골대는 계속 쳐다보는 것이 아니라 틈틈이 곁눈질을 해서 영점 조준을 해 두고, 움직이는 공에 정확히 발을 댈 수 있어야 훌륭한 스트라이커다. 일에서도 중요한 목표와 큰 변수들은 흔들리지 않게 새겨 두고 디테일을 포착할 수 있어야 완벽한 타이밍을 내 것으로 만들 수 있다.

이어서 포지셔닝에 대해 알아보자.

또 축구의 예를 들자면, 공격이나 수비나 가리지 않고 적극적으로 관여하고 동료가 공을 가지고 있을 때 그것을 받아주기 위해 적극적으로 움직이는 선수가 있다면 열심히 뛰는 선수라고 칭찬받을 것이다. 그런데 수비수인 그 선수가 이리저리 뛰어다니느라 힘이 빠져서 정작 상대 공격수와 몸싸움을 이겨내지 못하거나 우리 편 공격수에게 패스하지 않고 틈만 나면 슛을 난사한다면 어떻게 평가받을까? 틀림없이 욕을 먹거나 교체를 당할 것이다.

이번에는 반대로 그럭저럭 골을 넣을 줄 아는 공격수가 있다고 치자. 어쩌다 좋은 기회가 오면 골을 넣을 때도 있지만 슛이 막혀서 상대의 공격이 시작되는데, 압박을 하는 둥 마는 둥 하고 수비 가담이 소극적이어서 실점의 빌미가 되는 일이 많다면 어떨까? 골을 두 배로 넣지 않는 한 욕을 먹을 것이다. 팀플레이를 한다고 내 역할을 소홀히 해도 안 되지만, 반대로 내 역할에 집중한다고 팀플레이를 소홀히 해서도 안 된다. 축구는 필드플레이어만도 열 명이고, 그 열 명에게 각각의 포지션이 있다. 그 포지션에 너무 속박을 받아서도 안 되고, 포지션을 너무 무시하고 뛰어도 안 된다. 이처럼 일도 혼자 하는 것이 아니라 조직에서 다른 사람들과 같이 해야 한다. 각자의 위치에서 주어진 역할을 하되 함께 움직여야 하고, 남들과 조화와 균형을 맞추는 데도 신경을 써야 한다.

하버드경영대학원(HBS, Harvard Business School) 마이클 포터(Michael Porter) 교수의 '5요인 모델(5 Forces Model)'은 기업들의 경쟁 환경을 분석하는 모델이다. 한 기업 또는 제품을 둘러싼 다섯 가지의 경쟁 요인을 분석해서 위험을 파악하고, 경쟁우위를 확보할 수 있는 전략을 수립하기 위해 쓰인다.

그 다섯 가지는 산업 내 경쟁 기업, 신규 진입자, 공급자, 구매자 그리고 대체재이다. 개인이 일을 할 때도 비슷하게 환경을 분석해보고, 자기가 하는 일이 경쟁력이 있고 조직에서 인정받을 수 있는지 분석해야 한다. 일을 할 때의 경쟁 요인으로는, 우선 일을 지시하고 나눠주는 상사가 있고, 일을 분담해서 함께 하는 동료가 있고, 고객사의 파트너도 있다. 신규 진입자나 대체재처럼 스카우트할 수 있는 경쟁 회사의 직원들도 있고, 고객사가 다른 대안을 선택하면 내 일이 필요 없어질 수도 있다. 이처럼 한 사람이 하는 일의 가치와 경쟁력에 영향을 미치는 다양한 요인들을 생각해볼 수 있다.

어떤 일에 더 관심을 기울이고 집중할지를 떠나서 맡은 일을 일단 잘 해내는 것은 기본이다. 그런데 맡은 일이라는 것은 무엇일까? 프레젠테이션을 위한 장표 만드는 일을 예로 들어보자. 한 장의 장표를 만들기 위해서는 그 안에 들어갈 내용이 먼저 정리되어야 하는데 자료 조사, 관련자 인터뷰, 데이터 정리를 하고, 핵심 메시지를 도출해서 배치하고 시각화하는 작업을 해야 한다. 이런 일을 동료들과 나눠서 할 때, 다른 사람이 하기 어렵거나 다른 방법으로 대체하기 쉽지 않은 일이 높은 가치를 인정받는다. 그런 일을 더 자주, 더 많이 맡을수록 인정받고 내 경쟁력이 높아진다.

그것이 무엇인지는 상황에 따라 다르고, 시간이 흐르면서 변한다. 어떤 자료는 구하기 쉬운 반면, 또 어떤 자료는 구하기만 해도 일의 90퍼센트가 끝났다고 할 만큼 구하기 어렵다. 장표 만드는 앱을 잘 다루는 경쟁력은 AI가 장표를 대신 만들어주면 사라진다. 그래서 '5요인 분석'처럼 일을 둘러싼 환경과 상황을 예의주시하면서 남들이 하기 어려워하는 일, 누구나 할 수 있는 일이 아니라 누군가 해야 하지만 아무나 할 수 없는 일을 할 수 있도록 미리 준비하고 그런 일들을 더 자주 해내는 것이 중요하다.

또 어렵지는 않지만 다른 사람들이 하기 싫어하는 일도 있다. 업무를 나누다 보면 애매모호하게 남는 일을 적극적으로 하는 것도 팀플레이어가 되는 데 중요하다. 일을 잘못 나눠서 그럴 수도 있지만, 일이란 아무리 잘 나눠도 남는 일이 생긴다. 모른 척 방치하면 나중에 문제가 되기도 하고, 내 일이 아니라고 변명하기도 어렵고, 그렇다고 무조건 떠안기만 하면 애매한 일들은 전부 책임을 져야 한다. 누군가는 해야 하는 어렵지도 않은 일을 사람들이 하기 싫어하는 이유는, 대개 귀찮고 성가시거나 지루하고 지저분하기 때문이다.

그런 일들은 계속 같은 방법으로 할 것이 아니라 일하는 방법을 바꾸면 된다. 기술을 쓰거나, 설비나 장비를 바꾸거나, 전문적으로 그 일을 처리해주는 외주업체를 쓰는 등, 대책을 강구하면 방법이 나온다. 그런 해결책을 제시하면 큰 부담없이 일의 주인이 될 수 있다. 좋은 팀플레이어가 되면서 내 가치를 높일 수 있는 방법 중의 하나다.

가치가 높은 포지션에 있는 것이 중요하기는 하지만, 높게 평가받는 모든 포지션이 자신에게 다 잘 맞을 수는 없다. 나에게 맞는 포지션을 아는 것도 중요하다. 앞에서 일 자체를 사랑하고 재미와 의미를 느낄 수 있어야 한다고 했다. 더 나아가 자기 자리인지 아닌지 알아야 한다. 준비가 부족한 일은, 무턱대고 맡는 것보다 더 공부하고 시간을 들여서 준비해야 한다. 골대 안으로 정확히 공을 차 넣을 기술이 없으면, 골을 넣을 능력이 있는 동료에게 패스를 하는 편이 낫다. 마구잡이로 슈팅을 난사해서는 안 되고, 골을 직접 넣고 싶으면 훈련 시간에 슈팅 연습을 더 집중적으로 해야 한다.

포기나 양보 없이 해야 할 일은, 손에 딱 맞는 도끼를 쥐었는데 눈앞에 장작이 쌓여 있는 느낌을 주는 일이다. 낚시나 골프, 테니스를 즐기는 사람들이 얘기하는 손맛과 같은 느낌, 게으른 편안함이 아니라 나를 끌어당기고, 더 노력하고 싶게 만들고, 도전을 불러일으키는 느낌, 그런 느낌이 들면 그것이 바로 해야 할 일이다. 그것이 바로 너무 어렵지도 너무 쉽지도 않은

'골디락스(Goldilocks) 지점'의 일이다. 또 더 노력하지 않아도 아주 쉽게 해낼 수 있을 것 같은 일은 후배나 부하직원에게 가르치고 물려주어야 할 일이다. 편안하고 안락하고 꿀을 빠는 것 같은 느낌이 들면, 꿀을 빨다가 다리가 들러붙어 옴짝달싹 못하게 된다.

전체적인 지형도 살필 줄 알아야 된다. 그러려면 상사와 동료들의 역할도 잘 이해할 필요가 있다. 5요인의 비유에서 본 것처럼, 자기가 하는 일에서 가장 중요한 요인은 상사와 동료다.

상사에 대해서는 가능하면 상사의 상사까지 두 단계 위에서 그들의 역할과 일의 범위를 이해하면 자기가 맡은 일의 위치를 제대로 파악할 수 있다. 엉뚱한 방향으로 치우치지 않고 일을 더 잘해내면서 일의 범위를 넓히거나 더 중요한 곳으로 위치를 옮길 수도 있다.

동료들은 언제든지 나를 도와줄 수 있는 사람들이다. 축구에서 혼자 드리블하는 것보다 동료 선수와 패스를 주고받으며 치고 나가면 상대를 훨씬 쉽게 빗겨갈 수 있다. 마찬가지로 혼자서는 힘들 일도 손을 잡고 어깨에 태우고 더 쉽게 일할 수 있도록 도와준다. 각자 열심히 일해서 최적의 상태를 만들어도, 그것을 합쳐서 전체 최적이 되지 않는 경우가 많다. 동료가 해놓은 일을 잘 활용하고 자기가 한 일도 동료가 잘 활용할 수 있게 해주어야 전체 최적을 이루고 성과를 더 키워 나갈 수 있다. 소통하지 않으면 그렇게 되지 않는다. 축구에서 선수들끼리 말을 많이 하라고 하는 것도 같은 이유다. 그리고 동료가 한 일이 뒷정리가 잘 되어 있으면 내가 활용하기 쉬운 것처럼, 나도 한 일의 뒷정리를 잘해서 동료의 노고를 줄여줘야 한다. 그렇게 해서 잘 소통하고 서로 어깨를 내어주면서 함께 올라가는 것이 좋은 동료 관계다.

포지셔닝을 요약하자면, 일의 여건과 상황, 그리고 상사와 동료들의 역할을 잘 파악하고 도우면서 가치가 높은 일을 해야 한다. 동시에 팀플레이어가 되고, 너무 쉽거나, 너무 어려운 일이 아니라 도전할 만한 일을 찾아서 집중하는 것이다.

따라서 '3요?'는 일을 따져서 하는 데에 꼭 필요한 리즈닝, 타이밍, 포지셔닝이다. 안타깝게도 그것이 주로 세대 간 갈등의 소재로 다루어지는 것 같은데, 새롭게 해석해서 상호 소통의 출발점으로 삼으면 좋겠다.

라. 일의 장(將)과 법(法)

일을 짜임새 있게 하기 1 - MECE

이어 일을 짜임새 있게 하는 것에 대해 생각해보자.

권투선수가 시합할 때, 링 옆에서 코치가 선수에게 계속 소리치는 장면을 한번 떠올려보라. 무슨 얘기를 할까? 상대 선수에 따라서 몸을 좌우로 더 많이 흔들라거나, 왼손을 더 자주 뻗으라거나 그런 지시를 계속 내릴 것이다.

그런데 개그맨 고영수 씨가 장충체육관에서 직접 봤다면서 한 얘기가 있다. 무슨 얘기를 하는지 들어보려고 귀를 기울였더니, "맞지 마. 맞지 말라고. 맞지 말고 때려. 때리라고. 맞으면 안 돼." 하면서 계속 외치더라는 것이다. 맞고 싶어서 맞는 권투선수가 누가 있을까? 고영수 씨는 개그맨이니까 웃기려고 지어낸 얘기인지 정말로 목격한 얘기인지는 알 수 없다. 어쨌든 웃기는 데는 성공한 것 같다.

짜임새라는 것은 짜여진 모양이고, 짠다는 것은 씨줄, 날줄처럼 무엇인가를 엮어서 새로운 모양으로 만드는 것이다. 그때 뒤틀리거나 겹치지 않고 엉성하지 않게 만들어진 것을 짜임새가 있다고 말한다. 아까 권투 코치의 외침이 웃기게 들리는 것은 씨줄, 날줄이 없기 때문이다. 권투가 뭐냐고 물었는데, 권투는 권투라고 대답하는 것과 같다.

회사의 CEO는 그 회사의 이익 창출과 성장, 발전을 모두 책임지는 사람이다. CEO가 임직원들에게 허구한 날 "이익을 내. 이익을 내라고. 이익을 내란 말이야." 이렇게 말하고 다닌다면 일을 잘하는 CEO가 아니다. 맞지 말고 때리라는 권투 코치와 다를 바 없다. 말단 직원도 마찬가지다. 어떤 직원이 부서 운영경비 10퍼센트 감축 방안을 기획하게 되었는데, 부서의 모든 운영경비 항목을 일률적으로 10퍼센트씩 줄이는 내용으로 기획안을 만들면, 일을 잘한 것이 아니라 일을 하지 않은 것이나 마찬가지다.

모든 일에는 그 일을 구성하는 하위요소가 있다. 그 하위요소들을 씨줄, 날줄처럼 펼쳐 놓고 들여다보면 새로운 정보를 얻게 된다. 두 개의 하위요소를 펼쳐 놓고 분석하는 방법이 많이 쓰이는데, 전략 분석에서 많이 쓰이는 '스왓(SWOT, 강점–약점–기회–위협, Strength-

Weakness-Opportunities-Threats) 분석'이나, 해야 할 일의 순서와 자원 배분을 결정할 때 많이 쓰이는 '중요도와 시급성에 의한 분석'이 대표적이다. 반드시 둘, 또는 2×2일 필요는 없다. 그렇지만 되도록 너댓 개를 넘지 않는 하위요소로 구별해서 잘 들여다보는 것이 답을 찾아가는 첫걸음이다.

일의 하위요소를 찾을 때 'MECE(Mutually Exclusive, Collectively Exhaustive)'라는 말을 기억해 둘 필요가 있다. '요소들 서로 간에 겹치지 않게, 그것들을 합쳤을 때 빠짐이 없도록'이라는 뜻이다. 예를 들어, 운영경비 감축 문제를 MECE하게 볼 수 있는 방법을 생각해보자.

우선 현상 유지 또는 늘릴 수밖에 없는 항목과 줄이거나 없앨 수 있는 항목으로 구분할 수 있을 것이다. 또 고정경비와 변동경비로 나눠볼 수도 있고, 일을 하기 위해 필요한 경비와 사람을 관리하기 위해 필요한 경비로 구분해볼 수도 있다. 이 외에도 더 많은 구분 방법을 생각할 수 있다. 그 중에서 원래의 목표인 10퍼센트 감축을 위한 관련성이 가장 높은 구분 방법을 골라서 시작하는 것이다. 대부분의 일은 이렇게 그 일을 구성하는 하위요소를 MECE하게 들여다보면 바퀴가 구르기 시작한다. MECE의 방법은 나누기, 펼치기, 따라가기, 근본원인 찾기 등이 있다.

컨설팅회사들은 기업이 가진 자원이나 경쟁 환경을 분석하기 위해 각자의 독특한 방법을 만들어 이름을 붙이기도 하는데, 3C(Company - Customer - Competitor), 4M(Man - Machine -Material - Method), 5요소(경쟁자 – 신규 진입자 – 대체재 – 공급자 – 구매자), 매킨지 7S 프레임워크(McKinsey 7S Framework, Shared value - Structure - Strategy - Skills - Staff - Style - System) 등이 이에 해당한다. 또 로직트리(Logic Tree)나 피시본 다이어그램(Fishbone Diagram)을 써서 인과관계를 분석하기도 한다. 이들은 모두 나누기에 해당한다.

펼치기에는 앞서 얘기한 스왓 분석이나 일의 우선순위를 중요도와 시급성으로 나누어 파악하는 방법, 사업 성장률의 상대적 시장점유율로 사업 전략을 결정하는 BCG 매트릭스, 시장 다각화와 제품 다각화로 시장 침투, 시장 개발, 제품 개발, 다각화 등의 전략을 결정하는 앤소프(Ansoff) 매트릭스 등이 있다. 이 외에도 사안에 따라 다양한 매트릭스가 만들어질 수 있다.

따라가기에는 워크플로우 차트(Work Flow Chart)가 있다. 시간적 선후에 따른 일의 순서를 분석하고 문제점을 파악하는 데 많이 쓰인다. 문제의 근본원인을 찾기 (RCA, Root Cause Analysis) 위한 방법으로는 '5Why'가 있다. 한 번의 'Why'로는 문제의 피상적 원인만을 발견하는 것이 대부분이다. 원인의 원인을 찾기 위해 다섯 번 'Why'라는 질문을 계속 이어가는 것이다.

미국 워싱턴 DC에 있는 제퍼슨 기념관의 대리석 외벽 부식 문제 해결이 대표적인 사례다. 대리석 외벽의 부식이 심한 이유가 비눗물로 자주 닦아서 비눗물의 알칼리 성분이 대리석을 녹이기 때문이라는 것을 알게 되었다. 왜 비눗물로 자주 닦는가? 그 이유는 비둘기가 많아 배설물이 많이 떨어지기 때문이었다. 왜 비둘기가 많은가? 그 답은 기념관에 비둘기가 좋아하는 먹이인 거미들이 많기 때문이었다. 왜 거미가 많은가? 그 답은 해지기 전에 켜 둔 전등을 보고 모인 나방이 거미의 먹이가 되기 때문이었다. 왜 해지기 전에 전등을 켜는가? 그것은 기념관 직원들이 해지기 전에 퇴근하기 때문이었다. 결국 전등을 기념관 외벽 근처가 아니라 일정한 거리에서 비추는 방식으로 바꾸고, 두 시간 늦게 켜는 것으로 모든 문제가 해결되었다.

반대로 문제의 피상적 원인에만 대처한 사례도 있

다. 냉전시대 우주공간에서 우주인들이 사용할 수 있는 펜이 필요했다. 지상에서 쓸 수 있는 펜으로는 무중력 상태에서 글씨를 쓸 수 없었다. 미항공우주국(NASA)은 120만 달러를 들여 중력, 온도, 공기 조건이 지상과 다른 극한 환경에서도 쓸 수 있는 스페이스펜(Spacepen)을 개발했다. 그런데 당시 경쟁 관계에 있던 소련 우주인들은 연필을 써서 아무 문제없이 글씨를 잘 쓰고 있었다는 것이다. 첫 질문에 잘못이 있었다. 무중력 상태에서 쓸 수 있는 펜이 아니라 글씨를 쓰는 도구가 필요했던 것이다.

'머니볼(Money Ball)'이라는 영화를 보면, 적은 예산으로 야구에서 좋은 성적을 낼 수 있는 타자를 찾기 위해 '주자가 2루에 있을 때 타율이 좋은', '왼손잡이의 변화구 위주 투수일 때 도루를 잘하는' 식으로 분석한다. 뭉뚱그려서 '타율이 좋은', '도루를 잘하는' 선수는 몸값이 아주 높기 때문이다. 더 깊이 들여다보고, 더 자세히 분석하면 더 좋은 결과가 나오고, 듬성듬성 보면 듬성듬성한 결과가 나올 뿐이다. 나태주 시인은 '풀꽃'이라는 시에서, "자세히 보아야 예쁘다. 오래 보아야 사랑스럽다. 너도 그렇다."고 얘기한다. 그렇다고 한없이 바라보고만 있을 수는 없다. 그때 MECE를 떠올리면 된다. MECE하게 보았으면 다음 단계로 갈 수 있다.

일을 짜임새 있게 하기 2 - 딜레마 상황 대처하기

일을 어떻게 시작해야 좋을지 몰라 막막할 때가 있다. 비용을 줄이면서 성과는 키우라는 식으로 서로 상충되는 주문이 있을 때 특히 그렇다. 권투 코치가 맞지 말고 때리라는 것과 마찬가지다. 때리려면 가까이 가야 하고, 가까이 가면 한 대라도 더 맞게 되는데, 맞지 말고 때리라고 하는 것이다. 그런 것이 바로 '딜레마'다.

철학자 쇼펜하우어(Arthur Schopenhauer)가 쓴 글 중에 고슴도치에 관한 얘기가 있다. 추운 겨울에 고슴도치들이 체온을 나누기 위해 서로 붙어 있으려고 하는데, 너무 가까이 가면 가시에 찔리고 너무 멀리 떨어져 있으면 추위를 견디기 어렵다. 사실 우리가 살아가면서 겪는 대부분의 문제가 딜레마일지도 모른다. 필요에 따른 답이 아무 문제가 없으면 그야말로 문제가 아닌데, 그 답이 새로운 문제를 야기하니까 문제가 되는 것이다.

하나를 해결하면 다른 것이 문제가 되고, 다른 것을 해결하면 원래의 것이 문제가 되는 이런 상황에서 답을 찾으려면, 두 개의 상충되는 것을 한 차원에서 마주 보도록 놓지 말고 서로 차원을 달리 해서 배치해볼 필요가 있다. MECE 방법 중의 하나인 펼치기와 비슷하다. 예를 들어, 비용은 줄이면서 성과를 늘리는 문제를 생각해보자. 제일 먼저 드는 생각은, '비용을 얼마나 줄일까'이다. 그래서 일직선을 긋고 비용과 비용에 따른 효과를 그 위에 금액으로 나타내면 두 점이 그 일직선 위에서 대체로 같은 방향으로 움직인다. 쉽게 답이 찾아지지 않는다.

이때 두 개의 축을 그리고 하나는 비용 축, 하나는 비용의 효과 축이라고 하면 일직선이 아닌 평면 하나를 얻을 수 있다. 그 위에 비용을 줄이기 위한 여러 방법을 찾아 점을 찍는다. 또 성과를 늘리기 위한 여러 방법을 찾아 점을 찍는다. 이때 중요한 것은 비용을 줄이는 방법을 찾을 때 성과가 늘지 않는 것을 염두에 두지 말고, 성과를 늘리는 방법을 찾을 때 비용이 늘어나는 것을 걱정하지 않는 것이다. 아예 딜레마에서 벗어나서 생각하는 것이다. 그 점들을 찾아 연결하면 일직선을 이루지는 않을 것이다. 그것이 생각의 출발점이 될 수 있다. 기울기에 따라 각 점들의 비용 효율성이 드러나기 때문에, 효율성이 낮은 비용을 줄이는 대신 효율성이 높은 비용을 늘리는 식의 해법을 찾을 수 있다. 여기서 중요한 것은 뭉뚱그리지 않고 가능한 한 세분화한 여러 개의 점으로 나타내는 것이다.

고슴도치 딜레마에서, 어느 정도의 거리가 적당할까 하는 생각에 사로잡히면 몸을 덥히기 위한 다른 대안들로 생각이 옮겨 가지 못한다. 한 축은 몸을 덥힐 수 있는 정도, 다른 한 축은 가시에 찔리지 않는 정도라는 두 개의 축을 그려 놓으면, 그 위에 몸을 덥힐 방법과 가시에 찔리지 않을 방법의 여러 다른 대안들의 점을 찍을 수 있다. 땅굴을 파고 들어가거나 나뭇잎을 모아 불을 피울지도 모른다. 적어도 이러지도 저러지도 못하고 덜덜 떨지는 않을 것이다.

이처럼 서로 상충되는 목표가 있으면 그것들을 같은 차원에서 마주보게 할 것이 아니라, 차원이 다른 문제로 생각하고 각각 해결할 방법을 최대한 찾아 펼쳐 놓으면 동시에 해결할 방법이 나올 수 있다. 대체로 딜레마는 문제를 단기적으로 바라보고 주어진 변수를 변하지 않고 고정된 것으로 보기 때문에 생긴다. 품질을 높이면서 원가를 떨어뜨리는 것은 서로 상충되는 것처럼 보이지만, 대부분의 기업들이 하고 있는 일이다. 기술을 개발하고, 직원들을 교육시키고, 더 좋은 공급업체를 찾는 데 시간이 걸릴 뿐이다.

어떻게 보면 딜레마는 고마운 것이다. 딜레마가 있어야 그것을 해결하면서 발전이 이루어진다. 딜레마에 빠져 있을 때 적당한 중간치로 타협하는 것은 피해야 한다. 《블랙스완(The Black Swan : The Impact of the Highly Improbable)》과 《안티프래질(Antifragile)》을 쓴 나심 탈레브(Nassim Nicholas Taleb)는, "적당한 중간치는 불확실성이 만연한 가운데 예기치 못한 충격이 왔을 때 우리를 늪에 빠뜨리고 나락으로 떨어지게 만드는 주범"이라고 했다. 양자택일, 또는 적당한 중간치를 선택하지 않고, 상반되는 두 가지 이상의 차원을 동시에 끌어올리는 방법을 찾아야 발전하고 성공할 수 있다. 딜레마에 빠진 느낌이 들면 기회가 왔다고 생각하고 반기면 된다.

일을 짜임새 있게 하기 3 - 중요한 부분에 집중하기

일을 짜임새 있게 한다는 것은 최소의 노력으로 최대의 효과를 거두기 위한 것이다. 하위요소로 MECE하게 나누고, 상충되는 것들은 펼쳐서 바라보는 것 외에 일을 짜임새 있게 하려면, 가장 중요한 부분에 집중하고 중요하지 않은 부분에는 에너지를 아껴야 한다.

어떤 일을 처리할 때, 그 당시에 막 끌어올린 힘을 사용하는 것과 아주 오래 전부터 쌓아 두었던 힘을 꺼내서 사용하는 것 중, 어느 쪽이 더 강한 힘을 쓰는 것일까? 죽어라 애를 써도 잘 안 되는 일이 있는가 하면, 약간의 노력만 해도 술술 잘 풀리는 일이 있다. 전자는 대개 초보자들이 많이 겪는다. 기술과 경험이 없어서 많은 노력에도 잘 안 되는 것이다. 반대로 경험이 쌓여서 능숙해지면 별로 힘을 들이지 않는 것 같은데도 쉽게 좋은 결과가 나온다. 마치 고양이의 앞발처럼, 무술의 고수처럼, 부드럽고 유연하지만 여유 있게 상대를 제압한다. 겉으로 보기에는 전혀 힘을 쓰지 않는 것처럼 보이지만, 그것이 정말 강한 힘을 쓰는 방법이다.

하루아침에 고수가 될 수 있는 것은 아니다. 그런데

일은 당장 잘하고 싶다. 방법을 찾아야 한다. 어떤 일을 구성하는 여러 요소들에 대해 모두 익숙해지고 높은 숙련의 수준에 올라가려면 시간과 노력이 정말 많이 든다. 대신 일부에 대해서만 그렇게 하는 것은 좀 더 쉽다. 가장 중요한 요소를 추려 시간이 들더라도 숙련의 수준에 올려놓고 그때그때 일일이 신경을 쓰지 않더라도 아주 일정하게 높은 수준의 결과가 나오게끔 만드는 것이다. 그리고 나머지 요소들에 대해서는 일이 생겼을 때 신경을 더 쓰거나 다른 사람의 도움을 받아서 처리하면 된다.

다시 말해, 키팩터(핵심요소, Key Factor)를 잘 파악해서, 그것을 더 이상 노력하지 않아도 될 정도로 높은 수준을 만들어 놓는 것이 우선이다. 《경영학의 진리체계》에 토끼 사냥을 하는 매에 대한 얘기가 나온다. 매가 토끼를 잡을 때 토끼를 향해 일직선으로 날아가지 않는다. 중력가속도를 이용해서 땅을 향해 곤두박질치듯이 내려온 다음, 토끼를 향해 최대한의 속도로 접근해서 잡아챈다. 쓸 수 있는 에너지를 최대한 축적시킨 다음, 그것을 써야 할 때 일시에 발산시키는 것이다.

여기서 중력을 '습관'으로 해석하면 된다. 앞서 자기

자신을 사랑하는 방법 중 하나로 스스로를 돕기 위해 좋은 습관을 쌓고 나쁜 습관을 멀리하라는 얘기를 한 적이 있다. 습관은 일을 효율적으로 하기 위해서도 중요하다. 중력이라는 힘은 잘만 쓰면 공짜로 큰 효과를 내는 것처럼, 습관도 잘 들여놓으면 거의 공짜나 다름없이 저절로 효과를 발휘한다. 그래서 키팩터에 해당하는 것을 찾아서 습관으로 만들어 놓아야 한다.

예를 들어, 식당을 차려 돈을 벌려는 사람을 생각해보자. 식당업으로 돈을 버는 데에는 여러 요인이 있지만, 가장 중요한 것은 음식이 맛있어야 할 것이다. 또 맛있는 음식에는 여러 요인이 있지만, 신선한 재료를 쓰는 것이 아주 중요할 것이다. 또 신선한 재료를 정기적으로 확보하기 위한 요인도 여럿 있을 텐데, 그중 매일 아침 일찍 시장에 가서 물건을 직접 보고 확인하는 것이 가장 중요하다고 생각해보자. 그러면 매일 아침 일찍 일어나기 위해 애를 써야 하는 사람과 저절로 눈이 떠지고 움직여지는 사람 중에 어느 쪽이 유리할까? 당연히 후자일 것이다.

가장 강한 힘은 습관의 힘이고, 축적의 힘이다. 아침에 일찍 일어나는 데에 더 이상 아무런 노력이 필요하지 않고, 괴롭지도 않고, 심지어는 특별히 즐겁지도 않을 정도로 그냥 저절로 그렇게 되는 수준이 되면, 마치 농구선수가 태어나서 자라보니 키가 2미터를 넘는 것과 같다. 가장 중요한 부분에 가장 강한 힘을 작용시킬 수 있는 것이다. 농구선수는 DNA를 통해 얻어야 하는 그 힘을 우리는 반복을 통한 습관으로 얻을 수 있다. 한석봉의 어머니가 눈을 감고도 떡을 썰 수 있었던 것처럼, 전혀 힘들이지 않는 것으로 보일 만큼 숙련시키는 것이 힘을 가장 효율적으로 쓰는 방법이다.

일에서 가장 중요한 부분은 어떻게 알 수 있을까? 간단히 얘기하기는 어렵다. 병목(Bottleneck), 즉 먼저 진행해서 일정 수준을 확보하지 못하면 다른 부분들을 시작하거나 진행하기 어려운 지점, 또는 한 곳을 잡아당기면 전체가 술술 풀리는 매듭처럼 일에 대한 전체 정보와 자원을 확보할 수 있는 지점을 찾아야 한다. 남이 대신할 수 없는 부분도 포함된다. 그때그때 상황에 따라 다르지만, 중요한 것은 키팩터를 찾으려는 생각이다. 그 생각을 갖고 있는 것과 그런 생각이 없이 일을 하는 것은 차이가 많다.

또 키팩터에서 일의 추진력도 중요하지만, 일이 안

되게 막는 저항력도 잘 살펴야 한다. 비행기가 날게 하기 위해서는 엔진의 출력도 중요하지만, 공기의 저항을 줄이기 위한 날개와 동체의 모양도 중요하다. 특히 새로운 일을 시작할 때 기존 이해관계자들의 몰이해와 반대 때문에 일이 어그러지는 경우가 많다. 회사 전체적으로 생산성을 높이고 성과를 키울 수 있는 일이라해도, 기존의 방법대로 일하는 데 익숙하거나 기득권을 가지고 있는 사람들이 저항하면 진행하기 어렵다. 이때는 강한 추진력보다 겸손한 태도와 경청하는 습관을 가진 사람이 더 유리하다.

디지털카메라를 맨 처음 만들어 놓고도 그것 때문에 망한 코닥(Kodak)의 경영진은 신기술 개발자들의 얘기도, 기존 필름사업 관리자들의 얘기도 깊이 새겨듣지 않았다. 그저 새로 개발한 기술이 막강한 캐시카우인 필름사업을 어렵게 할 것이라고 넘겨짚었을 뿐이다.

반면 2001년 사무기기 업체 제록스(Xerox)가 최대의 적자로 파산 위기에 처했을 때, 초급 임원에서 CEO가 된 앤 멀케이(Anne Mulcahy)는 취임 후 첫 3개월 동안 전국 각지를 돌아다니며 현장 직원들과 고객의 목소리를 들었다. 전략기획이나 재무 방면에 전혀 경험과 전문성이 없었음에도 그 목소리 속에서 제록스를 회생시킬 방법을 찾았고, 신뢰와 소통의 문화를 만들어냈으며, 제록스를 다시 일으켜 세웠다.

일이 행복의 걸림돌이 아니라 디딤돌이 되도록

경청과 같은 좋은 습관을 들이는 출발점은, 긍정적 표현으로 변화를 시도하는 것이다. "하지 말자"나 "되지 말자"가 아니라 "하자" 또는 "되자"고 하는 것이다. "코끼리를 생각하지 마."라고 하면 자꾸 코끼리가 생각나듯이 "하지 말자"는 결심은 "안 해도 되지 않을까?"라는 유혹을 불러일으킨다. 없애야 할 장애물이 저절로 생겨나는 것이다. 그런데 긍정적 방향의 목표는 목표를 이뤘을 때의 좋은 모습을 떠올리며 자기 안의 에너지를 더 끌어올릴 수 있다.

그리고 한꺼번에 너무 큰 목표를 잡지 말고 '어렵지만 성취할 만한(CbA, Challengeable but Achievable)'목표를 잡는 것이 좋다. 목표가 너무 크고 어려우면 목표를 몇 개로 쪼개는 것도 좋은 방법이다. 친구나 동료들에게 응원

을 해달라고 부탁하는 것처럼 목표 달성에 도움이 되
도록 주변 환경을 이용할 수도 있다. 마음을 강하게 먹
는 것만으로는 부족하다. 작심삼일이 되기 쉽다. 높은
허들을 한꺼번에 넘으려다 포기하는 것보다 낮은 허들
을 하나 넘고, 또 그다음 허들을 넘는 것이 좋다. 중요
한 것은 필요한 높이에 도달하는 것이다.

좋은 습관이 몸에 익기 전까지 "난 안 되는 건가?"
하는 의심과 초조함이 생길 수 있다. 그럴 때는 스스
로 효능감을 느끼는 뭔가가 필요하다. 갈 길이 멀더라
도 조금씩 진전되고 있다는 느낌을 가져보는 것이다.
초조하고 답답하더라도 전체 여정에 비추어 전보다 더
발전하고 앞으로 나아가고 있다는 느낌에 기대서 자신
감을 찾고 계속하는 힘을 얻는 것이다.

재미있는 일, 의미를 느낄 수 있는 일을 하는 것이
중요한 이유도 여기에 있다. 그런 일은 작은 진전에서
도 자신감과 행복감을 느끼게 하는 데 반해, 꺼림칙하
지만 눈앞의 이익을 위해 또는 상사의 질책을 모면하
기 위해 억지로 하는 일은 전체 여정의 남은 거리를 먼
저 떠오르게 한다. 초조함과 조급함이 자꾸 방해한다.
중요한 일은 하고 싶은 일, 옳다고 생각하는 일이 되어

야 한다. 조금씩 이루어지는 진전이라도 음미하고 즐기면서 습관으로 만들어 갈 수 있다.

일을 할 때 동시에 여러 가지를 챙기는 것을 어려워하는 사람도 있다. 한 가지 일에 빠지면 너무 집중해서 다른 일들을 잊어버리고 놓치기도 한다. 사실 그것은 약점만은 아니다. 하고 있는 일에 집중을 잘하는 것이기 때문에 강점이 될 수도 있다. 습관보다는 성향에 해당되는 것이라서 바로 해결할 수 있는 문제도 아니지만, 너무 심해서 걱정된다면 두 가지를 제안하겠다.

첫째, 메모하는 것이다. 항상 지니거나 쉽게 찾고 들여다볼 수 있는 곳에 메모하고 주기적으로 살펴보는 습관을 들인다. 동시에 할 수 없으면 순차적으로 하고, 다만 잊어버리지 않고 할 수 있을 때 뒤로 미루지 않으면 된다. 둘째, 한 가지 일에 집중하는 사람이 저지르기 쉬운 실수가, 관련된 사람들의 마음에 좋지 않은 흔적을 남기는 것이다. 그러지 말아야 한다. 어떤 사람들은 자기가 지시했거나 도움을 요청했는데, 상대방이 바로 행동으로 착수하지 않으면 서운하게 생각하거나 자신을 무시한다고 생각할 수도 있다. 다른 일에 집중하느라 미처 깨닫지도 못하는데 상대방은 그것을 모른다. 나중에라도 그냥 넘어갈 것이 아니라 설명하고 충분히 양해를 구해야 한다. 사람을 놓치는 것이 일을 놓치는 것보다 더 치명적일 수 있다. 이 두 가지만 잘 지키면 동시에 여러 가지 일을 챙기지 못한다고 해서 크게 걱정하지 않아도 된다.

일을 짜임새 있게 하는 방법을 정리해보면, 일의 씨줄과 날줄을 MECE하게 찾고, 서로 상충되는 것들은 펼쳐서 생각하고, 가장 중요한 부분에 가장 강한 힘을 쓸 수 있도록 좋은 습관을 들이는 것이다. '진인사대천명'에서 '진인사'의 의미는 몸의 힘만 다하는 것이 아니라 마음의 힘, 그리고 관계의 힘과 시간의 힘, 다시 말해서 축적의 힘까지 총동원해서 할 수 있는 노력을 다한다는 의미다. 그렇게 일을 하면 몰입감을 느끼고 행복해질 수 있다. 일을 잘하고 싶다는 욕구, 성과와 효율을 높이고 싶다는 욕구도 잘 생각해보면, 답답하고 힘들어하기보다 스트레스 받지 않고 행복하게 일하고 싶다는 것이고, 그런 상황을 주체적으로 만들고 싶다는 것이다. 일을 잘하는 방법은 행복하게 일하는 방법이나 마찬가지다. 일이 행복의 걸림돌이 아니라 디딤돌이 되도록 만드는 것이다.

5. 더 성장하고 발전하기

"행복과 마찬가지로 성공도 추구할 수 있는
것이 아니다. 그것은 뒤따라오는 것이다.
자신보다 더 큰 대의에 헌신하는 것의
의도치 않은 부작용이나 또는 자신이 아닌
다른 사람에게 자신을 바치는 데 따른 부산물로서……"

_ 빅터 프랭클, 《죽음의 수용소에서》 중에서

소크라테스가 독약형에 처해진 이유는, 아테네 젊은이들에게 "네 아버지의 말을 듣지 말라."고 가르쳤기 때문이다. '잉글리시 게임(English Game)'이라는 넷플릭스 드라마를 보면, 19세기 후반 기존 가치관에 젖어 있던 엘리트 청년이 아버지와 대립하는 장면이 나온다.

고된 노동에 시달린 후 별도의 보수도 없이 경기에 나서는 노동자 축구팀과 엘리트 한량들로 구성된 축구팀에게 똑같이 아마추어정신을 강요하는 것이 과연 공정한가에 대한 문제의식을 느낀 것이다. 결국 그는 프로축구리그를 만들어 엘리트 계급 위주의 놀이였던 축구를 노동자 계급을 포함한 모든 대중의 것으로 바꿔 놓는다.

더 큰 가치는 기존의 가치를 키우는 것이 아니라 새

로운 가치를 발견하는 데서 비롯된다. 기성세대에 속한 내 생각이 새로운 세대에 속하는 젊은이들에게 그대로 적용될 수 있으리라 믿지 않는다. 다만 그들이 기존의 가치는 인정하지 않고 새로운 가치는 찾지 못한 상태에서 헤매거나 표류하지 않도록 징검다리 또는 디딤돌이 되었으면 하는 바람은 있다.

직장에서 성공하고 발전하는 법에 대해 자신을 대하는 법과 남을 대하는 법, 그리고 일을 대하는 법의 세 가지로 나눠서 '유아독존', '역지사지', '진인사대천명'으로 정리했다. 자신에 대해서는 주인의식과 균형감각을 가져야 하고, 남에 대해서는 존중하면서 이해하고 배우는 자세, 그리고 일에 대해서는 할 수 없는 부분에 대해 초연하고 할 수 있는 부분에 집중해서 최선을 다하는 것으로 이해하면 좋을 것 같다.

목표를 높게 잡자

더 성장하고 발전하려면 꿈은 얼마나 크게 꾸어야 할까? 가령 직장생활을 통해 최종적으로 도달하고 싶은 목표를 얼마나 높게 잡는 것이 좋을까? 이에 대한 답은 "높게 잡는 것이 좋다."이다.

그런데 높다는 의미를 잘 생각해야 한다. 도달하고 싶은 지위나 소득 같은 것과 재미를 느끼고 의미를 부여하는 정도는 다르게 작용한다. 꿈과 현실의 간격은 동기를 부여하고 더욱 노력을 하게 만드는 원동력이 되기도 하지만, 스트레스의 원인이 되고 좌절하게 만들기도 한다. 그런데 지위나 소득 같은 것들은 자신의 노력과 어느 정도의 상관관계는 갖지만 완전히 비례해서 이룰 수 있는 것이 아니다. 통제할 수 없는 변수나 운에 의해서 결정되는 부분이 많다. 그런 것들에 목표를 두면 둘수록 스트레스를 받고 좌절할 가능성도 커진다.

그렇지만 자기가 재미를 느끼고 의미를 부여하는 일, 또는 세상의 문제를 해결하거나 세상에 조금이라도 더 기여하고 싶은 내용을 직장생활을 지렛대 삼아 해보겠다고 생각하면, 목표가 클수록 직장생활은 더 소중한 자산과 무기가 된다. 직장은 그 안에서 만인과 투쟁하는 곳이 아니라, 내 삶을 재미있고 의미 있게 만드는 데 도움을 주는 고마운 존재가 된다. 지위나 소득도 부수적으로 따라온다. 그래서 어떤 크기의 목표를 갖는 것이 더 좋으냐 하는 질문보다 어떤 종류의 목표를 갖는 것이 더 좋으냐 하는 질문이 더 낫다.

인생에서 운이 결정하는 것이 많다는 얘기는, 사람마다 정해진 운이 있고 그것을 믿는다는 얘기가 아니다. 한 개인의 노력이나 통제와 상관없이 결정되는 부분이 있다는 것을 인정한다는 의미다. 그것은 노력의 중요성을 폄하하는 것도 아니고, 마냥 행운을 기다린다는 의미도 아니다. 운을 인정하는 편이 오히려 끈기 있게 노력을 지속할 수 있게 해준다. 실패하거나 원하는 것을 얻지 못하더라도 100퍼센트 자기 잘못이라고 할 수 없으니까 노력을 멈추고 주저앉을 이유가 없다.

운을 인정하지 않으면 성공은 100퍼센트 자신의 공이라고 생각해서 자칫 오만해지기 쉽다. 실패하면 100퍼센트 자기 잘못으로 생각하고 좌절하거나 자기 혐오에 빠지기 쉽다. 그렇지만 노력과 운이 상호 작용하는 거라고 생각하면, 운은 하늘에 맡기고 나는 내가 할 수 있는 노력을 계속하면 된다. 성공을 위해 가장 중요한 끈기와 여유를 가질 수 있다. 중요한 것은 포기하지 않고 계속 노력하는 것이다.

운과 노력, 그리고 그 결과가 만들어내는 여러 경우를 생각해 보자. 열심히 노력하고 운도 좋은 경우에는 당연히 성공할 테니까 언급할 필요가 없다. 노력하지 않고 운도 없는 경우에는 당연히 실패할 테니까 마찬가지로 언급할 필요가 없다. 당연한 결과들이다.

그런데 노력하지 않고 운이 좋아 성공한 경우는 어떻게 생각해야 할까? 일단 사촌이 땅을 샀는데 값이 많이 오른 것처럼 배가 아플 수 있다. 그렇지만 '그런가 보다' 하고 마는 편이 굳이 신경 쓰면서 배 아파하는 것보다 낫다. 불법적인 투기를 한 게 아니고 정말 운이 좋았던 거라면 배 아파할 일도 아니다.

운이 좋았는데 노력의 뒷받침이 없어서 실패한 경우라면 어떨까? 복잡하게 생각할 필요가 없다. 얼마나 노력을 안 했으면 그 좋은 운을 날릴까 하면서 혀를 끌끌 차면 그만이다.

그런데 지독하게 운이 없었는데도 열심히 노력해서 성공한 경우는 어떨까? 이 지점에서 우리가 생각해야 할 것이 많다. 노력과 운이 상호 작용해야 성공이 가능한데, 100퍼센트 노력으로만 성공한다는 것이 있을 수 있는 일일까? "개천에서 용 난다."는 말도 있지만 우리는 빈손으로 자수성가한 사람들에 대해 특별한 존경심을 보인다. 그들 중에 아주 겸손하고 자신의 성공을 사회에 되돌리기 위해 노력하는 사람들도 있다. 그런데 가끔 온전한 자신의 노력 또는 가족의 희생 외에 아무런 도움도 받지 못했다고 생각하는 사람들이 있다. 그들은 사회적 안전망이나 자선에 대해서 극도로 부정적인 견해를 보이기도 한다.

《힐빌리의 노래(Hillbilly Elegy)》라는 회고록을 출간해서 유명해지고 오하이오주 상원의원을 거쳐 트럼프(Donald Trump)의 러닝메이트로 부통령이 된 밴스(J. D. Vance)를 보면 그런 생각이 든다. 제대군인 복지프로그램 덕분에 대학을 다니고 예일대 로스쿨까지 마칠 수 있었고, 무일푼에서 미국 금융 시스템의 도움으로 벤처캐피털로 성공한 그가 극단적 반(反)이민 정책을 지지하고 기후 위기를 평가절하하는 것은 아이러니다. 이웃과 사회의 도움, 그리고 운이 없는 상태에서 자신만의 특별한 노력으로 자수성가했다고 생각하는 것 같아 안타깝기까지 하다.

성공에 영향을 미친 수많은 요인들 가운데 자신의 재능과 노력 외에는 모두 대수롭지 않은 우연이라고 여기면 감사할 줄 모르게 된다. 그런 태도가 쌓여서 휴 브리스로 이어진다. 영화 '터미네이터(Terminator)'로 유명한 아놀드 슈워제네거(Arnold Schwarzenegger)는 오스트리아의 시골에서 출발해 보디빌딩 세계챔피언, 성공한 영화배우, 캘리포니아 주지사를 지냈고, 근래에는 동기부여 연설을 많이 하고 다닌다. 그가 얘기하는 성공의 비결은 목표를 갖는 것, 끊임없이 노력하는 것, 실패에서 다시 일어서는 것으로 요약된다. 전형적인 자수성가한 사람의 레토릭이다. 그런데 최근 한 가지가 목록에 추가되었다. '주위의 도움'이 그것이다. 주위의 도움이 없었으면 아무것도 할 수 없었을 것이라며 감사의 마음을 얘기한다.

종교를 가진 사람들은 그런 부분을 신의 섭리가 작용한 것으로 생각하기도 한다. 막연한 우연으로 여겨 무관심하게 지나치지 않고 감사의 기도를 드린다. 어쩌면 매사에 감사하는 마음을 갖는다는 것은 더 세심하게 느끼고 더 잘 알아차리는 것과 같다. 넷플릭스 드라마 '더 글로리'에서 주인공 문동은을 도와준 빌라 할머니가 나온다. 신이 손길을 뻗어 우리를 도와준다면 바로 그런 모습이 아닐까? 운에 대해서 어떤 사람은 무의미한 우연이라고 생각하고, 어떤 사람은 신의 손길이라고 생각하며, 어떤 사람은 자신을 낮추고 감사의 마음을 갖는다.

열심히 노력했지만 운이 없어서 실패한 경우도 있다. 그 경우에는 세 가지 측면에서 살펴봐야 한다.

첫째, 과연 실패한 것인가? '새옹지마(塞翁之馬)'라는 말과 같이, 아직 성공과 실패라는 최종 결과가 나오지 않은 채 진행 중이고 때를 기다려야 하는 것 아닌가? 또는 어떤 노력이 더 필요한 것 아닌가? 둘째, 과연 노력한 것이 맞나? 그저 힘들게 고생한 것을 두고 노력한 것으로 착각하는 것은 아닌가? 할 수 있는 최선의 노력을 다했을까? 셋째, 과연 운이 전혀 없었나? 신이 도와주실 것을 기다린다면서 이웃의 도움을 거부하고 홍수에 떠내려간 사람의 얘기처럼, 운이 없지 않았는데 그것을 무의미한 우연으로 여기고 지나쳐버린 것은 아닐까?

전체적으로 종합하면, 성공에 대해 감사하고 실패했을 때는 주저앉지 말고 일어서서 계속 노력하라는 얘기다. 물론 쉽지 않다. 그렇지만 아무리 생각해봐도 그것이 결론이다. 그렇게 하면 당장 성공하지 못하더라도 성공에 한 발짝 한 발짝 더 가까워진다. 원하는 것을 바로 얻지 못하더라도 최소한 하나라도 더 배우고 한 가지라도 더 나아진다.

사람의 자질은 선천적으로 타고 나는 부분과 후천적으로 키우고 육성하는 부분이 있다. 노력을 통해 통제할 수 없는 운과 다르다. 심지어 선천적인 부분도 운을 받아들이는 것과는 달라야 한다. 자질에 대해 깨닫고 더 개발하거나 잘 활용하는 데에는 노력의 개입이 가능하다. 자질이라는 것이 분명히 존재하지만, 그 자질이 고정된 것이라고 믿어버리면 노력을 소홀히 하게 된다. 성공의 원인을 지나치게 자질에 두면 휴브리스가 싹트고, 실패의 원인을 지나치게 자질의 부족에 두면 실패할 것 같은 일에 도전하지 않고 회피해버린다. 자질을 열려 있는 가능성으로 받아들이고 잘 활용하되, 거기에 노력을 추가하는 자세가 필요하다.

어린아이에게 칭찬을 할 때 똑똑하다는 칭찬을 하지 말고, "책을 많이 읽어서 아는 것이 많구나."라는 식으로 노력에 대해 칭찬해야 한다고 한다. 같은 이유일 것이다. 칭찬은 자부심을 키워주는 것인데, 그 자부심이 휴브리스적 자부심이 아니라 진정한 자부심이 되려면 자질보다는 노력에 대한 칭찬을 많이 해주는 것이 좋을 것이다.

실패를 대하는 마음가짐

여러 책이나 강의에서는 실패하더라도 더 많은 시도를 하라고 부추기는 내용이 많다. 아놀드 슈워제네거도 플랜B를 만드는 것이 실패에 대한 과도한 걱정 때문이라면서, 플랜B를 만드는 것보다 실패하고도 다시 일어서는 것이 낫다고 한다.

그렇지만 현실에서는 한 번의 실패도 용납되지 않거나 비용이 아주 커서 감당하기가 어려운 경우가 많다. 특히 우리나라는 과도한 경쟁으로 인해 더욱 그렇다. 꼭 위험회피적 성격이 아니더라도 적극적 시도에 대한 권유에 "정말 그럴까?" 하는 의심이 들 수 있다. 꾸준한 성장의 시대에는 적극적인 시도의 과실이 컸겠지만, 그 경험을 바탕으로 성장이 정체된 시대를 살아갈 젊은이들에게 똑같이 권하기는 위험할지도 모른다.

사실은 예나 지금이나 실패에 따른 비용을 감당하

기는 수월치 않다. 기성세대가 엄청난 성장의 시기를 살아온 것도 사실이지만, 그 와중에 IMF 구제금융과 글로벌 금융위기를 겪었고 대규모 산업 재편을 겪기도 했다. 그때 실패를 겪은 후 재기하지 못한 많은 사람들이 있다. 그들도 기억되어야 한다. 어쨌거나 큰 변화의 시기를 살아온 것이다. 사회적인 안전망이 여전히 부족하지만 지금보다 훨씬 열악한 상황에서 실패를 맞이한 사람들은 극단적인 상황으로 많이 내몰리기도 했다. 성장이 빨랐던 시기에 더 큰 과실을 가져간 사람들은 분명히 새로운 시도를 해서 성공한 사람들이다. 땅 투기처럼 사회적으로 지탄받는 것은 논외로 치자.

그런데 성장이 둔화되고 거의 멈추다시피 했을 때, 그로 인해 피해를 보는 사람들은 어떤 사람들일까? 성장이 멈춘다고 해서 아무런 변화가 일어나지 않는 것은 아니니까 그런 상황에서도 더 큰 과실을 가져가는 사람들은 계속 생긴다. 새로운 시도를 해서 성공한 사람들, 아니면 지대 상승의 혜택을 보는 사람들일 것이다.

더구나 최근에는 성공한 사람들이 가져가는 과실의 규모가 과거에 비해 엄청나게 커졌다. 플랫폼기업, 맛

집, 기가 막힌 발명, 또는 유명한 연예인이나 운동선수의 수익은 과거에 비해 비교하기 어려울 만큼 크다. 그런데도 전체적으로 성장하지 않는다면, 변화를 시도하지 않는 사람들이나 시도해서 실패한 사람들이 과거보다 더 큰 손해를 보고 있다는 얘기다. 저성장의 시대일수록 가만히 앉아만 있어도 피해를 입는다. 그래서 변화의 시도를 해야 하는데, 실패하지 않을 시도를 해야 한다. 그런데 '실패하지 않을 시도'가 가능할까?

실패의 비용에 대한 생각해보자. 대개 우리는 어떤 일을 할 때만 비용이 들어간다고 생각하지만, 사실은 어떤 일을 하지 않는 부작위의 경우에도 비용이 발생한다. 기회비용에 더해서 저성장의 시대에 아무런 시도도 하지 않고 가만히 있기만 하면, 손해를 입는 것처럼 상대적 기회 손실이 발생한다. 대학에 떨어질 것이 두려워서 시험을 포기하는 경우와 비슷하다. 시험을 포기하는 것과 시험을 쳐서 떨어지는 것의 차이는, 시험을 치는 데 들인 시간에 응시료와 교통비를 더한 정도가 될 것이다. 그 정도의 시도들을 포기하고, 변화 자체를 아예 싫어하는 지경에 이른다면 문제가 크다.

예를 들어, 한 곳에서 수십 년 동안 칼국수와 같은

간단한 음식 장사를 해서 지금은 빌딩을 세우고 지점을 수십 개 만든 사례들이 있다. 그것을 보고 변하지 않은 것이 성공 비결이라고 내세우기도 한다. 과연 그럴까? 오히려 변하지 않은 것은 그 옆에서 똑같이 장사를 하면서 고객의 기호 변화를 살피지도 않고, 새로운 조리도구나 조리법의 적용, 매장의 인테리어 등 아무것도 바꾸지 않았던, 그러다가 고객들이 외면해서 사라져버린 옆집이었을 것이다. 성공한 음식점은 오히려 꾸준히 새로운 시도를 하고 변해 왔기 때문에 지금에 이르렀을 것이다.

새로운 시도를 얘기할 때 칼국수를 팔다가 갑자기 햄버거로 바꾸라거나, 칼국수집을 접고 세계여행을 떠나라는 얘기가 아니다. 새로운 시도라고 해서 직장을 옮기거나 아예 커리어를 바꾸는 정도로만 생각하는 것이 오히려 문제다. 지금 하고 있는 일을 더 잘할 수 있는 방법을 모색하는 모든 노력도 새로운 시도에 해당한다. 그런 시도가 바로 '실패하지 않을 시도'이거나 '응시료' 정도의 비용밖에 들지 않는 시도들이다. 저성장의 시기일수록 더욱 적극적으로 찾아 실행할 수 있는 것들이다.

교육의 문제도 크다. 손을 들었다가 틀린 답을 말한 학생과 손을 들지 않고 뒤로 숨는 학생이 치르는 비용이 거꾸로 되어 있다. 그런 경험이 일찍부터 쌓이다 보니, 시도에 따른 실패의 실제 비용보다 심리적 비용이 지나치게 크게 다가온다. 실제로 실패의 비용이 감당할 수 없을 만큼 큰 시도들도 분명히 있다. 그런 경우에는 시도의 규모를 쪼개서 실패 비용을 감당 가능하게 만들면 된다. 새로운 분야에 결정적으로 뛰어드는 것은 조금씩 천천히 익숙해지고 더 많이 알게 된 이후로 미루는 방법도 있다. 포기하는 것과는 다르다.

단지 신중하라는 것과는 다른 얘기다. 리얼옵션(Real Option)을 떠올려보자. 불확실성 속에서 최소의 투자로 선택권을 확보한 다음, 상황 전개에 따라 가장 유리한 길을 고르는 것이다. 여기서 자세한 설명은 생략한다. 어쨌거나 새로운 시도에 따른 결과는 우리의 노력만도 아니고 운이나 알 수 없는 어떤 힘만도 아닌 그 둘의 합작으로 만들어지는 것이다. 우리가 하는 일은 의사결정과 시도의 과정에서 최선의 노력을 통해 원하는 결과의 확률을 높이도록 하는 것이다. 한 번의 시도로 결과의 성공과 실패를 단정할 수는 없다. 중요한 것은 그 결과에서 배우고 느낀 것을 다음 시도에 반영해서 또 최선의 노력을 이어가는 것이다.

영국 프리미어리그에서 토트넘 구단의 주장으로 뛰었던 손흥민 선수가 한 경기에서 훌륭한 어시스트를 해주었는데 동료 공격수가 골을 넣지 못했다. 그때 손흥민 선수는 자기가 만들어준 기회를 날려버린 동료에게 화를 낼 만도 했는데 그러지 않았다. 대신 그 선수에게 다가가서 "계속해!"라고 말했다. 실패했다고 해서 주저앉지 말라는 것이다. 더 중요한 것은 그 실패에서 아무런 배움이 없이 똑같은 시도를 계속한다면, 그것은 최종적인 실패의 지름길이다. 절대로 쉽게 실패해서는 안 된다. 실패가 실패로 끝나는 경우는 대충 실패했을 때다. 최선을 다해 매번 배우고 앞으로 나아가면서도 결국 실패했다면, 그 실패는 하나의 스토리가 될 것이고 적어도 시장에서 팔리는 스토리가 될 것이다.

이직할 때 생각해야 할 것들

아예 경력을 바꾸거나 이직을 생각하는 것은 새로

운 시도일까? 지금의 일을 포기하고 최선을 다하지 않는 것일까? 단정적으로 말하기는 어렵다. 때로는 불가피할 수도 있고, 가끔 그런 생각을 하는 편이 지금의 일에 도움이 될 수도 있다. 다만 그것은 응시료를 내는 정도의 시도보다는 변화가 크고 그 영향도 클 것이다. 실패하지 않도록 훨씬 신중해야 할 필요가 있다.

어떤 일의 결과는 아주 많은 요소들이 복합적으로 작용해서 얻어지는 것이다. 일을 하는 사람의 실력과 노력이 제일 중요하지만, 어쩌면 그보다 더 중요한 것이 그 일을 둘러싼 환경, 그중에서도 함께하는 사람들, 회사의 조직적인 뒷받침 같은 것들이다. 사람이든 조직이든 합이 맞아야 한다. 조화를 이뤄야 한다고 할 수도 있고, 상호 도움이 되어야 한다고 할 수도 있다.

이직을 생각할 때는 함께 일하는 사람들과 맺은 관계, 그리고 조직의 시스템과 분위기 이런 것들이 내 역량과 조화를 이뤄서 서로 북돋고 있는지, 아니면 서로 맞지 않아서 깎아내리고 있는지를 먼저 생각해야 한다. 원래 조직에서 잘한 일이 내가 잘한 것인지, 조직의 환경과 시스템의 뒷받침을 잘 받아서 잘한 것인지 분간하기는 쉽지 않다. 이 부분을 잘못 판단해서 어디서나 잘할 수 있다고 쉽게 생각하고 옮겼다가 실패한 사례는 부지기수로 많다. 펀드매니저나 영업사원, 심지어는 개발자, 연구원들도 마찬가지다. 주변과의 입체적인 관계나 조직적 뒷받침을 어떻게 받았는지, 옮긴 후에도 계속 받을 수 있는지 또는 더 잘 받을 수 있는지, 없다면 대안이 있는지 숙고해야 한다.

원래 조직에서 하는 일이 맘에 들지 않고 잘못하고 있다는 생각이 들 때도 마찬가지로 자기가 잘못하는 건지, 사람들이나 조직과 합이 맞지 않는 건지, 옮기지 않더라도 내가 바꿈으로써 해결할 수 있는 부분이 있는지, 옮기고 나면 어떻게 될지 그런 것들을 깊이 생각해야 한다. 그런 생각들을 하다 보면 지금 하는 일에 대해 좀 더 입체적으로 파악하게 되고, 더 나은 관계나 뒷받침을 이끌어내거나 더 잘 활용하거나 나 자신을 바꿔서 더 잘 어울리게 만들거나 등등의 방안이 떠오를 수 있다. 아무 생각 없이 지금의 환경을 당연한 것으로 생각하고 열심히만 할 때보다 더 좋은 결과가 나올 수 있다. 그런 의미에서 이직에 대한 고려는 지금 하는 일에 도움이 될 수도 있다는 것이다.

지금의 상황을 당연하게 생각하지 말고 바꿀 수 있

다고 생각하고 더 입체적으로 파악해야 한다. 북극의 늑대들은 이누이트인들이 꽂아 놓은 피 묻은 창날을 핥다가 죽어 간다. 피는 핥아도 된다고 당연하게 생각하는 것이 바로 '타성(惰性)'이다. 서로의 관계, 주고받는 것들은 당연한 것이 아니라 서로가 서로에게 투자를 하는 것이다. 사람들은 직장에 들어가서 그 위치를 구축하기까지 쏟아부은 노력과 비용을 쉽게 잊어버리는 경향이 있다. 그것은 매몰비용이 아니다. 옮긴 새 직장에 들어가도 다시 발생하는 비용이다. 지금보다 나은 직장을 구할 자신이 있고, 새 직장에 적응하는 데 아무런 비용이 들지 않는다면, 망설일 필요 없이 당장 그렇게 하면 된다.

그런데 현실은 그렇지 않다. 현재 직장에서 충분한 성과를 거두고 있는데 거둔 성과만큼 인정받지 못한다고 느낀다면, 직장을 옮겨서 제대로 대우 받고 싶다는 생각이 들 것이다. 그렇지만 그때 생각해야 할 것이 바로 그런 비용이다. 내가 만들었다고 생각하는 성과가 사실은 상당 부분 조직의 뒷받침 위에 내가 약간의 기여를 더한 것인지도 모른다. 잘된 것에 대해서나 그렇지 않은 것에 대해서나 너무 많은 부분을 '내 덕분', '내

탓'이라고 생각하지 말고, 여러 요소들을 균형 있게 바라보아야 한다.

요즘에는 괜찮은 직장에 들어가기가 상당히 어렵다. 많은 지원자 가운데 합격과 불합격을 가르는 차이가 엄청 큰 것이 아니라, 다들 뛰어난데 그 차이가 미세한 지원자 중에서 어찌어찌 '운'이 좋아서 합격하는 것이 아닐까 생각이 들 정도다. 그런데 그 '운'에 대해서 진지하게 생각하는 사람은 보기 힘들다. 그저 자기 실력이 더 뛰어나서 뽑혔고 당연한 결과라고 생각하는 것 같다. 그 '운'을 진지하게 고맙다고 생각하는 사람이 있다면, 다니고 있는 회사에 대한 느낌도 달라질 것이다. 일을 하는 자세에도 영향을 미칠 것이다. 당연히 일의 결과도 달라질 것이다.

계속 붙어 있으면 안 되는 회사도 있다. 자기 잠재력만큼 실현할 수 있는 가능성이 낮은 회사가 그렇다. 물론 그 잠재력을 소득이나 승진 같은 것만으로 생각하지 않는 것이 좋겠다. 그보다는 하고 싶은 일, 잘할 수 있는 일인지, 좋은 사람들과 좋은 관계 속에서 일할 수 있는지, 더 성장할 수 있는지 이런 것들을 생각해야 한다. 대부분의 경우 마음을 고쳐먹고, 감정적이 되지

253

않고, 거리를 두고 이성적인 머리로 생각하고, 생각한 것을 행동으로 옮기면, 굳이 지금의 직장을 떠나는 것보다 남아서 더 발전할 수 있는 길이 있거나 때로는 버티는 것이 답이 될 수 있다.

그럼에도 불구하고 빨리 떠나는 것이 답일 수밖에 없는 회사도 있다. 조용한 퇴사(Quiet Quitting), 분노의 이직(Rage Applying)과 같은 말이 떠돈다. 요즘 세대들의 공정에 대한 감각과 기업들의 조직문화가 어울리지 않아서 벌어지는 현상이 아닌가 싶다. 자기가 어떤 처우를 받았느냐 하는 개인의 문제만이 아니라 우리 사회의 건강이라는 필터로 바라본다면, 그 공정 감각을 더 잘 살려야 할지도 모른다.

권력이 비정상적으로 균등하지 않은 조직에서는 침묵 효과(mum effect)가 생긴다. 입을 다무는 것이 저항이고 빼앗긴 권력을 행사하는 유일한 방법이 된다. 특히 권력－거리 지수(power‑distance index, 조직이나 집단의 권력을 적게 가진 계층에서 권력이 불평등하게 분배되어 있다는 것을 받아들이는 수준의 정도)가 높은 편(2003년 조사 대상 OECD국가 22개국 가운데 4위)인 우리나라에서는 해야 할 얘기를 못하는 경우가 많고, 그것이 당연하게 받아들여진다.

문제는 그렇게 입을 다물고 있다가 조직과 개인이 함께 망한다는 것이다.

조직에 남는 것이 살 수 있는 유일한 길로 오해하는 경우가 많은데, 도저히 같이 갈 수 없는 조직은 빨리 탈출하는 것이 해답이다. 특히 직원을 사람이 아닌 도구로만 다루면서 그 도구적 가치마저 충분히 보상하지 않는 기업이라면 더 말할 필요가 없다. 노력만 정당화(effort justification)하는 회사도 마찬가지다. 가치나 성과보다 들인 노력을 통해 평가하고 그것을 정당화하는 회사는, 효율과 성과가 낮은데도 반전의 가능성이 거의 없고 개인 또한 발전하기 어렵다. 쉽게 얘기하면 만들어낸 성과보다 투입한 시간과 얼마나 바쁜 척하면서 일하는지를 가지고 사람을 평가하는 회사다.

그 외에도 부당한 이유로 사람을 차별하고 그것이 명시적으로 당연시되면서 시정되지 않는 회사, 불법, 위법, 편법이 요구되거나 암묵적으로 용인되고 장려되는 회사, 세상에 해를 끼치더라도 돈만 잘 벌면 된다는 생각이 구성원들 사이에 팽배한 회사라면 빨리 떠나야 한다. 당장은 아니더라도 구성원들의 인생을 나락으로 몰고 갈 가능성이 매우 높다.

그런 경우들이 아니라면 조직을 지렛대 삼아 최대한 노력해서 성장과 발전의 기회를 만드는 것은 시도해볼 가치가 있다. 계속 성장하지 않고 멈춰 있는 상태에서는 살아남을 수 없다. 따라서 생존과 성장은 둘이 아니라 하나다. 그래서 더 발전하도록 격려하고 지원해주지 않거나 스스로 더 발전할 수 있는 시간적, 경제적 여유를 주지 않는 회사도 떠나는 것이 맞다. 현재 조건으로 지금 하는 일을 평생 해도 괜찮겠다 싶으면, 그것이 바로 멸망을 초래하는 착각이다. 세상 모든 것이 변하는데 지금 하는 일을 현재 조건으로 계속한다는 것은 있을 수 없다. 변하지 않는 유일한 것은 "변하지 않는 것은 없다."는 대원칙뿐이다.